Quin Sherrer

Cómo orar por los HIJOS

La misión de Editorial Vida es proporcionar los recursos necesarios a fin de alcanzar a las personas para Jesucristo y ayudarlas a crecer en su fe.

ISBN 0-8297-0643-7

Categoría: Matrimonio / Familia

Este libro fue publicado en inglés con el título
How to Pray For Your Children

© 1986 por Quin Sherrer

Traducido por Jorge S. Somoza

Edición en idioma español
© 1975 por Editorial Vida
Deerfield, Florida 33442-8134

Cubierta diseñada por Héctor Lozano

Reconocimientos

Expresamos nuestra gratitud al Reverendo Peter Lord, pastor de la Iglesia Bautista de Park Avenue, Titusville, Florida, quien con su esposa Johnnie, autorizaron a compartir algunos de sus éxitos y fracasos en la crianza de sus cinco hijos. Agradecemos, además, a muchos otros padres que tuvieron la franqueza de ser transparentes al compartir sus experiencias.

Indice

Índice

Prefacio

Hace veinte años nos dimos cuenta de que nuestro cuarto hijo tenía cierta incapacidad para la lectura. Había terminado su primer año en la escuela y era evidente que algo no andaba bien. Lo inscribimos en una escuela cristiana y allí volvió a cursar su primer grado. Resultó un fracaso: no avanzó por sobre lo que había logrado cuando estaba en el jardín de infantes.

Lo hicimos examinar. Aunque tenía un coeficiente intelectual elevado, las pruebas indicaban que tenía cierta incapacidad para el aprendizaje, que le hacía difícil la lectura y la escritura. Lo pusimos con un especialista en lectura, tenía su maestro particular, lo enviamos a clínicas, le hicimos usar anteojos por un año, lo inscribimos en un curso donde pasó horas poniendo clavijas en unos agujeros, caminando y haciendo equilibrio sobre tablones, y arrastrándose bajo cuerdas elásticas sujetadas al piso. Por último, lo llevamos a los cultos de sanidad de Kathryn Kuhlman. Parecía que nada daría resultado. Si bien estaba atrasado en la escuela pública, los maestros no hacían nada por él, aparte de adelantarlo con el resto de la clase, aunque apenas podía leer y escribir.

Cuando llegó al cuarto grado, me di cuenta de que no podía depender de nadie más para que recibiera ayuda. Era un asunto de Dios y también mío.

Mi tarea era orar.

La parte de Dios era sanar.

Poco a poco comencé a comprender que, aunque Dios podía sanarlo en un momento, tenía un plan que incluía cosas aún más importantes. Quería enseñarme a orar por mi hijo y quería que mi hijo aprendiera a recibir mi amor y a apreciar mis oraciones. En los diez años que siguieron, si yo estaba en casa, nunca pasaba una noche sin que fuera a su habitación cuando él iba a dormir; me sentaba al lado de la cama y hablaba y oraba con él.

Las charlas fueron importantes. Yo quería que él entendiera que, a pesar de que tenía un problema, su mamá y su papá, su hermano y sus hermanas, estábamos orgullosos de él. No lo culpábamos a él por su dificultad, ni lo veíamos diferente de los otros niños. A nuestros ojos, era, simplemente, nuestro hijo. Si había tenido un día malo, yo lo animaba. Quería que aprendiera que era amado, necesario y apreciado en nuestra familia. Quería que los últimos pensamientos que ocuparan su mente antes de irse a dormir — los pensamientos que influirían en su subconsciente durante las horas de la noche — fueran pensamientos positivos.

No obstante, estoy convencido de que, aunque el estímulo familiar que le dábamos lo mantenía en una buena adaptación social y lo conducía a una profunda relación de amor con su familia, fueron las oraciones las que obraron para su salud.

Dos años después de terminar la escuela secundaria, gracias a una maestra que lo tomó como un proyecto especial y lo ayudó a graduarse (aunque él sólo leía en un nivel de cuarto grado), él me dijo: "Papá, yo siempre seré un obrero común a menos que vaya a la universidad como los otros chicos de la familia. Quiero entrar a la facultad de Agricultura y aprender a trabajar con animales."

Una vez más lo animamos, aunque todas las posibilidades estaban en su contra. Esa vez mi esposa y yo tuvimos que orar por él "en ausencia" mientras él se esforzaba, con su fiel esposa, para dominar libros sobre horticultura, anatomía animal y dirección de una granja, con la ayuda de grabaciones. Pero él perseveró. Y Dios respondió nuestras oraciones.

Cuando se graduó, estaba leyendo en un nivel universitario. Hoy tiene un buen trabajo como gerente de una estancia y es responsable de valorar animales cuyo valor unitario es de decenas de miles de dólares.

¿Orgullosos de nuestro hijo? ¡Han acertado! Pero más allá de esto, Jackie y yo estamos agradecidos a un Dios amante y fiel que contesta las oraciones de los padres por sus hijos.

Jamie Buckingham
Palm Bay, Florida

Introducción

Vivimos en un tiempo en que las madres cristianas están doloridas por causa de sus hijos. Las madres están llorando por hijos que se han ido lejos del hogar, por hijas que están embarazadas sin haberse casado, y por hijos que están involucrados en drogas, en sexo o en ocultismo.

El año pasado pasé una noche en el hogar de una pareja cristiana cuyo hijo de veintiocho años acababa de renunciar a un empleo con un buen sueldo, debido a que su mente estaba confusa. La enfermedad mental, un mal que hasta hace poco no era común entre la gente joven, ha dejado de ser la excepción. Lo cierto es que, según investigaciones recientes, más de la mitad de los pacientes mentales se encuentran en las edades de veinte años o menos.

Hace un tiempo me encontraba en Texas dando unas conferencias, y una madre trajo a su hija de dieciséis años para que escuchara mi disertación. Al terminar, la chica me confesó que estaba involucrada en la adoración a Satanás. Otra madre, en la misma reunión, pidió oración por su hijo que acababa de recibir una sentencia de prisión por quince años por homicidio no premeditado.

He sostenido en mis brazos a algunas madres, mientras llorábamos juntas delante del Señor por nuestros hijos: los suyos y los míos. Por eso sé cómo los corazones se quebrantan en desesperanza.

No hace mucho, en una ocasión en que me sentía deprimida por una situación con uno de nuestros jóvenes, tomé un libro escrito por una autora cristiana conocida. Ella confesaba por primera vez que había tenido una desavenencia con su hija única y había estado separada de ella por cerca de cuatro años. Según explicaba, podía escribir ahora acerca de ese problema, porque su relación con su hija había sido restaurada. La hija había logrado un matrimonio feliz con un joven cristiano. El reunía todas las cualidades por las cuales esa madre había orado durante diez años. Esto me dio una gran esperanza.

¡Madres, tengan ánimo! Dios tiene la respuesta aun para las situaciones más desesperanzadas o imposibles. El quiere buscar a nuestros hijos perdidos y dañados, y alcanzarlos para El. Para hacerlo, necesita nuestras oraciones.

Un intercesor debe amar lo suficiente como para tomar el lugar del otro. Sólo una madre o padre o abuelo — o Dios — pueden entender la profundidad del amor de los padres.

Capítulo Uno
Orando por nuestros hijos

"[Jesús] les dijo: Dejad a los niños venir a mí. . . Y tomándolos en los brazos, poniendo las manos sobre ellos, los bendecía."

Marcos 10:14,16

"¿Cómo lo haces? ¿Cómo tienes el vigor necesario para mantenerte sobre ese oleaje?", le preguntó una turista a mi hijo Keith, de edad escolar, una sofocante mañana de verano. Ella había observado cómo el muchacho había sacado de la corriente de resaca del golfo al cuarto nadador en peligro de ahogarse.

Keith recobró el aliento mientras yacía exhausto en la playa. Luego observó de soslayo a través del sol, y mirando a la turista en los ojos le dijo: "Señora, yo sé que tengo a alguien que está orando constantemente por mí: mi mamá."

Lamento tener que admitir que él no podría haber dicho eso siempre, porque por años fui sólo una intercesora de momentos de crisis. Cuando mi hijo se enfermó, traté de negociar con Dios, prometiéndole todo tipo de cosas si él tan sólo respondía mi oración. El resto del tiempo expresaba oraciones generales del tipo: "Señor, bendícenos."

En algún punto del camino, me di cuenta por fin de que si Dios me había dado tres hijos para criar, era mi responsabilidad —más bien, mi privilegio— recurrir a El en favor de ellos. Pero, sinceramente, no sabía cómo. La oración tenía que tener una dimensión más profunda que la que yo había experimentado. Así que me dispuse a una peregrinación de oración por mí misma, escudriñando la Biblia y oyendo las oraciones de otros. A todas partes a donde iba, le preguntaba a cada madre: "¿Cómo ora usted por sus hijos?"

En los doce años que siguieron descubrí algunos "cómo hacerlo" que son básicos y que me han sido de ayuda, y por eso se los quiero trasmitir a usted. Los siguientes principios fueron probados con éxito por muchos padres:

Ayudas para la oración

1. Sea específico. Recuerde que el ciego le hizo a Jesús una petición específica: "Quiero ver."

2. Ore en voz alta usando pasajes de las Escrituras. Oír nuestras propias voces citando la Palabra de Dios, estimula nuestra fe. La Biblia dice: "Así que la fe es por el oír, y el oír, por la palabra de Dios" (Romanos 10:17). Leer la Escritura no es una fórmula mágica, pero la Biblia nos provee de buenos patrones de oración que podemos seguir. Considere las enseñanzas de Jesús acerca de "decir".

"Porque de cierto os digo que cualquiera que dijere a este monte: Quítate y échate en el mar, y no dudare en su corazón, sino creyere que será hecho lo que dice, lo que diga le será hecho." (Marcos 11:23.)

Mientras oramos citando las palabras que las Escrituras dicen acerca de nuestros hijos, el poder de la Palabra de Dios quita fuera la ansiedad y el temor, y produce en nosotros la fe. Un maestro de la Biblia explicó esto de la siguiente manera: "Las cosas que decimos son las cosas que finalmente creemos, y las cosas que creemos son las cosas que finalmente recibimos."

3. Escriba sus oraciones en un cuaderno, anotando la fecha en la que hizo esas peticiones. Luego anote cuándo y cómo le respondió el Señor. Esto también edifica nuestra fe.

Después que Moisés rompió las tablas de piedra que contenían la Ley, Dios volvió a escribir sus mandamientos, demostrando así la importancia de su pacto escrito con Israel. A través de la Biblia han quedado registradas las profecías para que las leamos y podamos entender los caminos de Dios. En el Salmo 102:18 leemos: "Se escribirá esto para la generación venidera; y el pueblo que está por nacer alabará a Jah."

Dios encomendó al profeta Habacuc que registrara la visión que le había dado para que fuera un testimonio en los últimos tiempos. Cuando Dios nos habla, podemos llegar a olvidar lo que nos dice, pero si lo escribimos, tanto nosotros como nuestros hijos y los hijos de ellos tendremos prueba de la relación de pacto que Dios tiene con nosotros. Ellos alabarán al Señor por esto.

4. Ore a Dios por las cosas que están en el corazón de Dios y eleve las oraciones de Dios por nuestros hijos.

5. Recuerde que algunas oraciones serán "oraciones de respuesta diferida". Si oramos por la futura pareja de nuestros hijos, o por sus elecciones en cuanto al estudio mientras son todavía jóvenes, es lógico que tendremos que esperar para recibir las respuestas.

Comencemos ahora a hacer oraciones para el futuro.

Catherine, una madre joven que ora por sus hijos, escribió sus "oraciones de respuesta diferida" en trozos de papel con forma de huevos, las colocó en su Biblia y oró: "Señor, tú incubarás estas oraciones cuando llegue tu tiempo, en el momento oportuno." Unos quince años más tarde, cuando el Señor la bendijo con una hermosa nuera cristiana, se regocijó por el maravilloso fruto de sus "oraciones de respuesta diferida".

Nosotros, que hemos sembrado "oraciones de respuesta diferida", deberíamos considerar al jardinero sabio, que planta semillas diminutas y tiene el buen tino de no desenterrarlas a los pocos días para ver si la cosecha está en camino. En lugar de esto, esperemos en Dios para que nos de las respuestas en su propio tiempo, que es el mejor.

Además de estas sugerencias, yo he encontrado que hay otras formas de orar que son provechosas y estimulantes. No siempre han surgido con facilidad. Algunas han sido el resultado de prueba y error, otras fueron producidas por las lágrimas y el dolor. Hay ocasiones en que los versículos de la Biblia parecen saltar con fuerza de la página impresa y se convierten en mis propias oraciones personales. Por mi parte he aprendido que las oraciones de negociación o trueque no son recomendables.

"Las madres son las mejores intercesoras porque ellas aman más y sufren más", escribió un hombre sabio.

Cuando pensamos en la virgen María, la vemos como un ejemplo de madres que son "portadoras de Dios". Por lo que oyen de sus madres, los niños escuchan por primera vez acerca de Dios y aprenden sus primeras oraciones. Será de gran valor que podamos comprender qué privilegio especial, sí, qué ventaja tan peculiar es la que tenemos de orar por nuestros hijos, nietos, sobrinos y aún por los hijos de los vecinos. No tiene importancia la edad de esos niños; Dios los ama y no quiere que ninguno de ellos se pierda.

La afirmación que hizo mi hijo con relación a mis oraciones, aquel verano que trabajó como bañero, me enseñó la importancia que tiene y el privilegio que significa poder orar por nuestros jóvenes.

Capítulo Dos
Orando por nuestras familias

"Cree en el Señor Jesucristo, y serás salvo, tú y tu casa."

Hechos 16:31

Muchos de nosotros al leer este texto bíblico hemos dicho: "¡Oh, si esto fuera verdad en mi vida! ¡Si tan sólo mi fe en el Señor pudiera asegurarme que mi familia entera se va a salvar!" "¿Qué debo hacer para ser salvo?", le preguntó el carcelero de Filipos a Pablo y a Silas después de que el Señor los libertó de la cárcel de una manera sobrenatural. "Cree en el Señor Jesucristo, y serás salvo, tú y tu casa", le respondieron (Hechos 16:31). Aquella noche creyeron el carcelero y su familia.

Pablo les dio una esperanza adicional a los cristianos cuando escribió que un esposo o una esposa inconversa es santificada por su cónyuge creyente. "Pues de otra manera vuestros hijos serían inmundos, mientras que ahora son santos" (1 Corintios 7:14b). Un padre puede hablar en nombre de su familia como lo ilustra la declaración de Josué: "Pero yo y mi casa serviremos a Jehová" (Josué 24:15).

El concepto de "salvación para toda una familia" tuvo sus comienzos en el Antiguo Testamento. En Exodo capítulo 12, Dios dio las instrucciones para la noche de la Pascua cuando les dijo a los israelitas que iba a sacarlos de Egipto: "Tómese cada uno un cordero según las familias de los padres, un cordero por familia" (v.3). La sangre del cordero sobre los dinteles de las puertas impidió que la destrucción llegara a los hogares de su pueblo elegido. Hoy sabemos que Jesucristo es el Cordero de la Pascua y que nosotros somos los israelitas espirituales. Cuando estamos en una correcta relación con El, nuestra familia toda está incluida en sus promesas.

Así como lo hacían los antiguos judíos, nosotros debemos cumplir las palabras de Dios delante de nuestra familia: "Y las repetirás a tus hijos, y hablarás de ellas estando en tu casa. . ." (Deuteronomio 6:7a). Si hacemos esto, podremos esperar que Dios haga su parte y que atraiga a nuestros hijos a sí mismo.

Hay otro pasaje en el Antiguo Testamento que nos ofrece seguridad para nuestras familias: "Derramaré mi Espíritu sobre toda carne." Cuando Joel habla de hijos e hijas, jóvenes y ancianos y siervos, está hablando de familias enteras (Joel 2:28,29). Cuando leemos: "Porque para vosotros es la promesa, y para vuestros hijos" (Hechos 2:39), debemos tener en cuenta que se refiere a nuestras familias presentes y a las generaciones futuras.

Cuando algunas personas trajeron a los niñitos a Jesús para que les pusiese las manos encima, los discípulos las reprendieron. Jesús estaba indignado y dijo: "Dejad a los niños venir a mí, y no se lo impidáis; porque de los tales es el reino de Dios. De cierto os digo, que el que no reciba el reino de Dios como un niño, no entrará en él" (Marcos 10:14,15). Entonces Jesús tomó a los niños en sus brazos, puso sus manos sobre ellos y los bendijo.

Entiendo que esta "bendición" era una costumbre judía que se cumplía el Día de la Expiación. Los padres llevaban a sus bebés y a sus niños a los ancianos y escribas para que oraran por ellos y los bendijeran.

Tal vez los discípulos pensaron que Jesús no quería continuar con esa costumbre. Pero El dijo: "Déjenlos venir y no se lo impidan." Jesús aceptó a los niños y los bendijo. En un sentido, El estaba reafirmando el pacto espiritual que Dios había hecho con sus padres, reconociendo a los niños como parte de ese pacto de familia.

Así sucede con nosotros cuando obedecemos la Palabra de Dios. Los siguientes versículos han animado a muchos padres que oran por sus hijos. Pídale a Dios que los convierta en realidad en su vida:

1. "Porque para vosotros es la promesa, y para vuestros hijos, y para todos los que están lejos; para cuantos el Señor nuestro Dios llamare" (Hechos 2:39).
2. "Y todos tus hijos serán enseñados por Jehová; y se multiplicará la paz de tus hijos" (Isaías 54:13).
3. "Mi Espíritu derramaré sobre tu generación, y mi bendición sobre tus renuevos" (Isaías 44:3).
4. "Mas la descendencia de los justos será librada" (Proverbios 11:21).
5. "Y aun a los pecadores ayudará mediante tus manos puras" (Job 22:30).
6. "Y este será mi pacto con ellos, dijo Jehová: El Espíritu mío que está sobre ti, y mis palabras que puse en tu boca, no faltarán de tu boca, ni de la boca de tus hijos, ni de la boca de los hijos de tus hijos, dijo Jehová, desde ahora y para siempre" (Isaías 59:21).
7. "Mas la misericordia de Jehová es desde la eternidad y hasta la eternidad sobre los que le temen, y su justicia sobre los hijos de los hijos" (Salmo 103:17).

Capítulo Tres
Entregando a nuestros hijos

---

*"He aquí, herencia de Jehová son los hijos;
cosa de estima el fruto del vientre."*

Salmo 127:3

Un pastor hizo una pausa en medio de la ceremonia del casamiento de su hijo, en la que él estaba presidiendo; miró a través del templo, aclaró su voz y dijo: "Amigos míos, tengo algo que quiero compartir con ustedes. Esta tarde mi esposa y yo hemos traído a todos nuestros hijos al altar de la iglesia. Mientras ellos se arrodillaron aquí, nosotros entregamos literalmente nuestros cinco hijos a Dios. Ya que nuestro primer hijo está dejando ahora nuestro hogar, le dijimos al Señor: 'Nos damos cuenta de que nosotros somos nada más que cuidadores de estos chicos. Los dedicamos una vez y para siempre a ti.'"

Me retorcí en mi asiento. Nunca había oído algo semejante y mucho menos en una boda.

"Dios dice en su Palabra — continuó el pastor — que los hijos son una herencia que le pertenece. Yo consideré que los nuestros nos habían sido encomendados por Dios como un regalo por un tiempo."

Por varios días no me pude desentender de lo que este pastor había dicho acerca de la dedicación de sus hijos a Dios. Recordaba con claridad las ocasiones en las que mi esposo y yo presentamos a nuestros tres bebés para bautizarlos. ¿Pero los habíamos dedicado a Dios?

Algunas semanas después del casamiento, mientras yo estaba leyendo el Antiguo Testamento, un pasaje pareció saltar de la página y entrar en mi corazón. Era la "oración de entrega" que Ana había hecho a Dios por su pequeño niño Samuel: "Yo, pues, lo dedico también a Jehová; todos los días que viva, será de Jehová. Y adoró allí a Jehová" (1 Samuel 1:28).

Me sentí tocada por esto, me detuve en la lectura y repetí la oración como si fuera mía, incluyendo los nombres de nuestros tres hijos. Allí, pensé, se los había devuelto a Dios.

En ese entonces ni me imaginaba la prueba por la que habría de pasar unos nueve años después, cuando Keith, nuestro hijo adolescente, desaparecería en el mar. Una noche de verano, mientras mirábamos fijamente las negras crestas de las olas, siendo ya tarde, mi esposo me tomó del brazo y oró: "Dios, tú sabes que hemos dedicado a Keith para ti. El fue bautizado en este mismo golfo dos años atrás por pedido suyo. Te lo entregamos totalmente a ti, vivo o muerto."

Mi corazón suplicó: "Oh Señor, no permitas que esté muerto. Encuéntralo para nosotros."

Mientras caminaba por la playa y oraba, por fin llegué a un punto en el que pude entregar mi hijo en forma incondicional a su Creador. Qué agradecida estuve luego cuando mi hijo fue encontrado a salvo antes del amanecer.

Vicky, una madre de siete hijos del sur de Dakota, me escribió acerca de su experiencia de "entrega". "Algo más de un año después que me convertí — dijo ella — mi esposo y yo enfrentamos un problema crucial con la creciente mala conducta y desobediencia de nuestro hijo de catorce años. Hablamos con él, razonamos con él y lo castigamos, con pocos efectos visibles. Su mente estaba endurecida como el cemento. Una noche, cuando me estaba preparando para ir a dormir, me senté en el borde de la bañera y dije: "Dios, no hay nada más que mi esposo y yo podamos hacer por este chico. Te lo doy completamente a ti.'"

Vicky se refiere a esto como una "entrega total". En tres semanas se resolvió la situación imposible en la que su hijo se había envuelto. "Sin dudas, Dios obró en nuestro favor — dijo ella —. El fue uno de los primeros en pedirle a Jesucristo que fuera su Salvador. En seis meses toda mi familia, incluyendo mi esposo, siete hijos, dos nueras y la novia de uno de ellos fueron salvos y llenos del Espíritu Santo. No fueron mis elaboradas oraciones. Fue la Palabra de Dios cumplida en la vida de un creyente. Leemos en Santiago 5:16: 'La oración eficaz del justo puede mucho.'"

Dedicar nuestros hijos a Dios involucra grandes responsabilidades. Significa no sólo que dependeremos del Señor para que nos ayude a criarlos, sino, además, que aceptaremos a esos hijos tal cual Dios los hizo.

He encontrado algunas madres — hasta madres cristianas — que tienen profundos resentimientos contra sus hijos. Un bebé le desorganizó a su madre su prometedora carrera profesional; otro hijo produjo a su madre tal dolor de cabeza que ella en su interior lo odiaba. "¡Desearía que nunca lo hubiera tenido!", gritaba.

Jesús nos dice que si queremos que nuestras oraciones sean contestadas, debemos perdonar.

"Y cuando estéis orando, perdonad, si tenéis algo contra alguno, para que también vuestro Padre que está en los cielos os perdone a vosotros vuestras ofensas" (Marcos 11:25).

Nunca es demasiado tarde para pedirle a Dios con sinceridad que nos perdone por nuestro resentimiento, falta de aceptación, o por haber fracasado en amar a un niño. El nunca nos pide que hagamos algo sin capacitarnos con el poder para hacerlo. Así que nosotros también podemos pedirle que nos de su amor para amar a esos niños.

Jesús nos dio un mandamiento: "Que os améis unos a otros como yo os he amado. . . Para que todo lo que pidiereis al Padre en mi nombre, él os lo dé" (Juan 15:12,16).

Aprendemos a orar por nuestros hijos: (1) entregándolos de nuevo a Dios, (2) perdonándolos, y (3) amándolos.

Tal vez a usted le gustaría realizar un simple ejercicio mental para hacer la entrega de sus hijos a Dios. Imagínese en su mente a Jesucristo. Mire a su hijo — pequeño o grande — junto a El. Tal vez ellos caminan juntos por un polvoriento sendero. Jesucristo va con su brazo alrededor de su hijo. Imagínelos charlando sentados debajo de un árbol o caminando hacia el lago para pescar. Agregue a la escena sus propios detalles, pero mire a Jesucristo cuidando de cada necesidad que tiene ese hijo y mostrando la relación cordial y personal que surge entre los dos. Entonces retírese de la escena y deje allí a su hijo.

Una terapeuta cristiana, cuya familia usa la oración que sigue para la dedicación de sus hijos, me la envió para que la comparta.

Dedicación

Padre Dios, unidos a ti por el nacimiento, muerte y resurrección de tu Hijo Jesucristo y unidos en uno por nuestro matrimonio:

1. Te agradecemos por nuestros hijos _____

_____

2. Te pedimos perdón por todos los pecados de omisión y de acción que hemos cometido contra _____

_____

3. Recibimos ese perdón y rechazamos cualquier acusación, condenación o culpa de parte de Satanás.

4. Destruimos cualquier maldición satánica o acusación que haya producido esclavitud en nuestros hijos. Hacemos esto con la autoridad y el poder de Jesucristo.

5. En fe, nosotros los entregamos a tu vigilante cuidado. Amén.

Nota: Si en su matrimonio usted es la única persona creyente, tiene igualmente la autoridad de pedir esto por sus hijos.

Capítulo Cuatro
Orando con eficacia

"Mas tú, cuando ores, entra en tu aposento, y cerrada la puerta, ora a tu Padre que está en secreto; y tu Padre que ve en lo secreto te recompensará en público."

Mateo 6:6

¿Tiene usted algún lugar secreto donde puede estar a solas con Dios? Tal vez sea una silla especial, un paraje en el jardín, un rincón privado, o un escritorio aparte.

Los evangelios relatan con frecuencia acerca de Jesús cuando iba a orar a solas. "Despedida la multitud, subió al monte a orar aparte; y cuando llegó la noche, estaba allí solo" (Mateo 14:23). Lucas se refiere a once ocasiones en que Jesús estaba orando.

Nosotros también debemos sentarnos a solas en la presencia del Padre antes de que se nos abran los canales de intercesión por nuestros hijos. La soledad y la quietud nos ayudan a orar con eficacia.

En la Biblia encontramos otras claves para la oración eficaz:

Conocer la voluntad de Dios

"Y esta es la confianza que tenemos en él, que si pedimos alguna cosa conforme a su voluntad, él nos oye.

Y si sabemos que él nos oye en cualquiera cosa que pidamos, sabemos que tenemos las peticiones que le hayamos hecho" (1 Juan 5:14,15).

¿Cómo conocemos la voluntad de Dios? Mediante la lectura y meditación de su Palabra. En ella el Señor dice, por ejemplo, que no es la voluntad del Padre "que se pierda uno de estos pequeños" (Mateo 18:14). Por lo tanto, podemos orar para que nuestros hijos crean en Jesucristo con confianza, sabiendo que estamos orando dentro de la voluntad de Dios.

Creer que El oye y responde nuestras oraciones

Jesús nos dice: "Por tanto, os digo que todo lo que pidiereis orando, creed que lo recibiréis, y os vendrá" (Marcos 11:24).

Orar en el nombre de Jesucristo

Jesús nos asegura: "De cierto, de cierto os digo, que todo cuanto pidiereis al Padre en mi nombre, os lo dará" (Juan 16:23).

Esto hace que podamos iniciar victoriosamente nuestro tiempo de oración con El. Estoy más convencida que nunca de la necesidad de separar cada día un tiempo especial para estar con el Señor. Comencé con sólo quince minutos, luego treinta, y en poco tiempo estaba deseando alargarlo mucho más.

Como esposas, madres y abuelas, y a la vez personas activas, a veces nos quejamos de que no tenemos tiempo para orar. Hacemos "oraciones flecha" como saetas espirituales, mientras nos sentamos en nuestro escritorio, planchamos la ropa, conducimos un vehículo, o aguardamos en salas de espera. Estas oraciones son recomendables, pero Dios también quiere tener cada día un tiempo especial con nosotras.

Cualquiera sea el tiempo que apartemos para El, ya

sea por la mañana, por la tarde o por la noche, nos será de ayuda el tener a mano algunos elementos tales como papel, lápiz y una Biblia. Podremos entonces registrar nuestras oraciones y las respuestas de Dios. Ninguna "hora silenciosa" es completa si sólo hablamos con Dios; debemos también escuchar la voz de nuestro Padre. Debido a que todos somos diferentes, no habrá entre nosotros dos personas que usen las mismas técnicas en su devocional personal.

La oración no tiene fórmulas establecidas, pero yo he encontrado algunas ayudas prácticas que han enriquecido mi tiempo privado de oración con Dios. Tal vez le puedan ayudar a usted también:

Ayudas prácticas

Yo tengo una "libreta de oración" personal, con hojas movibles de tamaño mediano, donde anoto las peticiones que hago a Dios, palabras de alabanza, oraciones contestadas, y puntos específicos que estoy aprendiendo a través del tiempo de oración o de lectura de la Biblia. Vez tras vez cambio las hojas de esta libreta.

. En la primera página pegué la foto de nuestra familia. Es una foto que sacamos luego de la reunión del domingo de Semana Santa, cuando todos estábamos muy bien vestidos y con unas sonrisas radiantes. Esta es una imagen positiva que quiero tener siempre delante de mí y del Señor. Debajo de nuestra foto, escribí un versículo de la Biblia que diariamente presento en oración por mi familia:

"Para que el Dios de nuestro Señor Jesucristo, el Padre de gloria, os dé espíritu de sabiduría y de revelación en el conocimiento de él" (Efesios 1:17).

A continuación hay una página individual para cada miembro de la familia. En la parte superior escribo oraciones de las Escrituras como así también oraciones prácticas que hago cada día por aquel hijo. Con frecuencia anoto la fecha en que hago el pedido. Más adelante anoto la fecha y la manera en que Dios contestó. Esto me ha enseñado a conocer el tiempo preciso de Dios.

Si oro por una hija que no vive en casa y que necesita un nuevo apartamento con suficiente espacio para guardar cosas, presento esto delante del Señor y cada día le agradezco que El proveerá para su necesidad. Cuando lo hace, escribo: "Gracias Señor", y tacho aquella petición. Este ejercicio aumenta mi fe.

Mi libreta está dividida en diferentes días de la semana, de modo que puedo orar por amigos, gobernantes, misioneros, parientes y personas inconversas. Como soy una persona a quien le gusta visualizar las ideas, pego fotos o ilustraciones de revistas relativas a personas por las que oro durante la semana, tales como el presidente, integrantes de la corte suprema de justicia y líderes extranjeros. No soy esclava de esta libreta o método. Es tan sólo una ayuda que conservo al lado de mi Biblia para mi cita diaria con el Señor.

Durante ese tiempo privado, Dios me habla a veces a través de la lectura bíblica. Una vez, durante un conflicto personal con uno de nuestros jóvenes, leí acerca de los discípulos cuando clamaron a Jesucristo pidiéndole ayuda porque su barca estaba siendo azotada por la tormenta.

"¿Dónde está vuestra fe?" les preguntó Jesús.

Sí, pensé yo, *¿dónde estaba la fe de ellos? Jesús les había dicho que subieran a la barca, y que irían al otro lado del lago. Su palabra era de confianza, ¿no es cierto? ¿Acaso no estaba El con ellos? ¿Por qué estaban preocupados?*

Luego el Señor habló a mi espíritu: "¿Dónde está tu fe? ¿No te prometí que todos tus hijos serían enseñados por el Señor? ¿No te dije que los traería de la tierra del enemigo? ¿No confías en los planes que tengo para ellos? Yo los haré prosperar y no tendrán calamidad."

¡Mi corazón fue traspasado!

Realmente, aquellos eran versículos que habían estado dormidos en mi corazón por largo tiempo, y yo necesitaba volverlos a recordar. Por supuesto, el Señor había hecho una promesa. En cierto sentido, El siempre está "en mi barca" a pesar de las tormentas turbulentas.

Una razón por la que me gusta repetir versículos de las Escrituras en forma de oración es porque Dios prometió que su Palabra no volverá vacía. Cumplirá lo que El quiera (ver Isaías 55:11). Recitar su Palabra en voz alta edifica mi fe en Aquél que obra todas las cosas en beneficio mío y también de mis hijos.

Usted puede tener una libreta donde anotar cualquier impresión que el Señor le de durante su tiempo con El. Si nunca lo ha hecho, esto le entusiasmará mucho.

La esposa de un pastor que conozco puso en práctica esta idea con relación a sus oraciones en favor de Susana, su hija adolescente que estaba en rebeldía. Le pidió a Dios que le mostrara cómo amar a Susana y cómo enseñarle a ella a responder a ese amor.

Cuando le venían pensamientos relacionados con Susana, los escribía en una libreta de notas. Escribía, por ejemplo: "No vayas a hacer compras hasta que Susana pueda ir contigo. No le compres ropa a Susana hasta que ella haya elegido lo que desea. Permítele a Susana ayudarte a preparar la cena. Elige uno de sus platos favoritos."

Esto podrá parecer insignificante, pero cuando esa madre comenzó a poner en práctica estas cosas, pudo ver en Susana un comportamiento más dócil. Poco a poco las actitudes de Susana cambiaron y también su apariencia. Bajó el peso excedido que tenía y su personalidad floreció. No fue un milagro que se produjo de la noche a la mañana, sino que fue un cambio lento.

Su madre aprendió una lección importante: "Dios no hizo a un lado la voluntad de Susana; lo que hizo fue transformarla en aquello para lo cual El la había preparado inicialmente — dijo ella —. Susana puso su vida en las manos del Señor de una manera total y llegó a ser fuerte en sus convicciones. Su cambio fue tan genuino que ya no era más una chica rebelde que podría ser desviada con facilidad por sus compañeras. En lugar de eso, ella aconsejaba a muchos de sus amigos que estaban en dificultades."

Ahora Susana está casada con un buen cristiano y es feliz y apenas recuerda aquel período conflictivo de su vida.

¡Oh, qué momentos especiales nos esperan en nuestros tiempos secretos de oración! ¡Cómo anhela nuestro Padre que oremos por nuestros hijos!

Permítame compartir dos oraciones de la señora Johnnie Lord, la esposa de un pastor.

"Señor, quiero que tu amor tenga hoy libertad en mí para que pueda fluir a través de mí. Llena mi mente con pensamientos sobre cómo alcanzar con amor a los miembros de mi familia _____"

"Señor, ¿en qué quieres que confíe en ti durante el día de hoy en cuanto a la vida de mis hijos?" (Escriba las ideas a medida que vengan a su mente).

A continuación hay algunas oraciones bíblicas de intercesión que yo empleo en favor de mis hijos:

Dedicación
Señor, como hiciste en el caso de Ana, toma a _____
_____. Yo te lo entrego a ti. Todos los días de su vida, estará dedicado a ti (1 Samuel 1:28).

Salvación
Padre, tú no deseas que _____
se pierda, sino que quieres que se arrepienta. Señor, te agradezco porque viniste a salvar a los perdidos, incluyendo a _____

_____ y a mí. Te agradezco de antemano que

_____ se convertirá a ti

(Mateo 18:14; 2 Pedro 3:9).

Liberación

Padre, te agradezco porque vas a librar a _____
del enemigo y le guiarás por sendas de justicia por amor
de tu nombre (Mateo 6:13; Salmo 23:3).

Perdón

Gracias, Padre, que la sangre de Jesucristo nos limpia
de todo pecado. Gracias porque _____ te
ha pedido perdón y limpieza. Ahora ayuda a _____
a olvidar lo que queda atrás y extenderse a lo que está
delante, para que prosiga a la meta, al premio del su-
premo llamado de Dios en Cristo Jesús. (1 Juan 1:7,9;
Filipenses 3:13,14).

Futuro

Te doy gracias, Señor, porque tú sabes los planes que
tienes para _____ ,
para prosperar su vida y no para perjudicarle, para que

_____
tenga esperanza y un futuro. Yo te pido que _____
no ande en consejo de malos, ni vaya por camino de
pecadores, ni se siente en silla de escarnecedores. Por el
contrario, te pido que _____
se deleite en la ley de Jehová y que en su ley medite de
día y de noche (Jeremías 29:11; Salmo 1).

Salud

Padre, te agradezco porque Jesucristo llevó nuestras
debilidades y cargó con nuestras aflicciones. Y gracias
porque por sus heridas fuimos sanados.

Yo te pido que en todos los aspectos _____
pueda gozar de buena salud y que su alma esté en co-

munión contigo. Te agradezco por tu promesa de sostener a _____

en su postración y restaurar a _____

de su lecho de enfermedad (Isaías 53:4,5; 3 Juan 2; Salmo 41:3).

La tarea de su vida

Señor, llena a _____

con el conocimiento de tu voluntad, con toda sabiduría y entendimiento espiritual, de modo que viva una vida digna de ti, para agradarte en todos sus caminos (Colosenses 1:9,10).

Madurez

Querido Padre, que _____

pueda, como tu Hijo Jesucristo, crecer en sabiduría y estatura, y en gracia para contigo y para con la gente que tenga contacto con su vida. Dale a _____

oídos prontos para escuchar las instrucciones de sus padres. Ayúdale a prestar atención para que pueda alcanzar mayor entendimiento (Lucas 2:52; Proverbios 4:1).

Necesidades

Gracias, querido Padre, porque tú suplirás todas las necesidades de _____

de acuerdo con tus riquezas en gloria en Cristo Jesús (Filipenses 4:19).

Protección

Gracias, querido Señor, porque tú enviarás a tus ángeles sobre _____

para que lo guarden en todos sus caminos (Salmo 91:11).

Crecimiento espiritual

Padre, concédele a _____

Espíritu de sabiduría y de revelación, para que te pueda conocer mejor a ti. Te ruego que sus ojos sean iluminados para que pueda conocer la esperanza a la cual tú lo llamaste, las riquezas de tu herencia gloriosa en los santos, y tu incomparable poder para con nosotros los que creemos. Te suplico que Cristo pueda crecer en su corazón a través de la fe y que sea cimentado y establecido en amor (Efesios 1:17-19; 3:17).

Tentación

Gracias, querido Padre, que tú sabes cómo rescatar a

_____

de la tentación y las pruebas. Te ruego que _____
pueda huir de las pasiones juveniles, y seguir la justicia, la fe, el amor, y la paz, con los que de corazón limpio invocan al Señor. Te pido que no tenga nada que ver con argumentos necios, porque sabemos que éstos producen peleas. Te imploro que _____
pueda mantenerse limpio viviendo de acuerdo con tu Palabra, guardándola en su corazón (2 Pedro 2:9; 2 Timoteo 2:22,23; Salmo 119:9-11).

En general

Señor, con gratitud te presento mis peticiones hoy en favor de mis hijos para que _____

_____

(mencione las peticiones). Lo digo con mi boca, lo creo con mi corazón, y te agradezco por adelantado por oírme. Oro en el nombre de Cristo Jesús (Filipenses 4:6; Marcos 11:23).

Oración por el futuro esposo de mi hija

Señor, que él te ame con todo su corazón, con toda su alma, con toda su mente, y con todas sus fuerzas, y que ame a Jesucristo como su Salvador personal y su Señor (Marcos 12:29,30; Romanos 10:9).

Que ame a su esposa con un amor fiel, permanente, todo el tiempo que ellos vivan (Mateo 19: 5,6).

Que considere su propio cuerpo como el templo del Espíritu Santo y lo trate con sabiduría (1 Corintios

16:19,20). Que tenga salud y que pueda estar capacitado para trabajar y sustentar a su familia (1 Timoteo 6:8).

Que tenga una meta excelente para su vida (Mateo 6:33).

Que use sus talentos con sabiduría y también ayude a su esposa a usar los dones que ella tiene. Que sus talentos se complementen entre sí. Que puedan disfrutar al hacer cosas juntos (Mateo 25:1,14-30).

Que él pueda establecer su hogar de acuerdo con los preceptos que Dios ordenó en Efesios 5:20-28.

Que tenga un pensamiento firme. Que los dos puedan ser compatibles en lo intelectual (2 Corintios 13:11; 1 Timoteo 1:7).

Que pueda ser un buen administrador del dinero (1 Timoteo 5:8; 6:10).

Señor, proporciona este compañero para mi hija en el momento que consideres adecuado. Que ella pueda amarlo a él y él a ella, y que ambos te amen a ti, oh Dios, de tal manera que no haya dudas de que tú los creaste el uno para el otro por todo el tiempo que ellos vivan.

En el nombre de Jesucristo. Amén.

Oración por la esposa de mi hijo

Señor, que ellos estén unidos en un yugo parejo (2 Corintios 6:14).

Que ella ame al Señor con todo su corazón, alma, mente y fuerzas. Que ella tenga a Jesucristo como su Salvador personal y su Señor (Marcos 12:29,30; Romanos 10:9).

Que ella ame a mi hijo con un amor que no se extinga, durante todo el tiempo que ellos vivan y que sea una ayuda idónea para él (Génesis 2:18).

Que sea rica en buenas obras, generosa y hospitalaria (1 Timoteo 6:18; Hebreos 13:2).

Que anime a mi hijo cada día (Hebreos 3:13).

Que ella use los dones que le diste, tanto en su hogar como en la tarea de tu reino (Mateo 25:14-30).

Si los quehaceres domésticos le resultaran alguna vez una rutina monótona para ella, ayúdala a darse cuenta de que todo lo que haga, sea de palabra o de hecho, lo debe hacer con todo su corazón como sirviéndote a ti (Colosenses 3:17,23).

Cuando ellos tengan descendencia, ayúdale para que sea una buena madre. Que sus hijos puedan levantarse y llamarla bienaventurada (Tito 2:4,5; Proverbios 31:28).

Muéstrale cómo preparar comidas nutritivas para su familia. Si precisa aprender algo acerca de las tareas domésticas, no permitas que tenga timidez para pedir consejo a mujeres cristianas y maduras (Tito 2:3-5).

(P.D. Ayúdame a ser una buena suegra para ella.)

En el nombre de Jesucristo. Amén.

Mi diario de oración

Los que siguen son algunos pensamientos que registré en mi diario de oración a través de los años.

Sana su corazón quebrantado

Señor, el corazón de nuestra hija está quebrantado. Confórtala. Tuvo su primera ilusión de amor y ahora él la dejó por otra chica. Su orgullo está herido. Se siente rechazada, como si no valiera nada. ¡Oh Señor, que se pueda dar cuenta de que tú la amas y nosotros también! Cura sus heridas. Trae otros amigos cristianos a su vida, que puedan ayudarle a llenar el vacío que quedó después de perder a uno que parecía más que amigo. Ayúdala a poner sus prioridades en orden y a darse cuenta de que su verdadero propósito en la vida debe ser el de amarte y agradarte a ti. Gracias porque tus brazos eternos están alrededor de nuestra hija, que es tu hija.

Ayúdale en el examen

Señor, él tiene un examen importante hoy. Estudió mucho y duramente. De todas formas, está ansioso, con mucho nerviosismo. Aquieta su espíritu. Trae a su mente todas las cosas que ha estudiado y retenido para este momento. Ayúdale a rendir al máximo. ¡Gracias, Señor!

Ayúdale a aceptarse a sí misma

Señor, nuestra hija es mucho más alta que el resto de las chicas de su clase. Se siente como un gigante. Muéstrale que tú la creaste tal cual es con algún propósito. Tú sabes lo que tienes reservado para ella no sólo en el aspecto físico pero también con respecto a las capacidades que le has dado. Ella está luchando en este momento para encontrar su verdadera identidad. Por favor, ayúdala a darse cuenta de que es especial y única, de la manera en que lo somos cada uno de tus hijos.

Ayúdame para que sepa dar ánimo

Señor, él no está andando tan bien como yo quisiera en la escuela. Ayúdame a aceptar su ritmo. Aunque a mí me gustaría que tuviera mejores calificaciones, líbrame de presionarlo más allá de su capacidad. Muéstrame cómo animarlo, a partir del punto en que se encuentra.

Permite que él me perdone

Hoy he perdido la calma y dije algunas cosas hirientes que desearía no haber dicho. Lastimé a mi hijo con esas palabras. Al pedirle a él que me perdone, restaura nuestra relación, Señor. Ayúdame a saber cuándo corregir y cuándo guardar silencio. Señor, yo quiero manifestar el fruto del Espíritu en mi vida: amor, gozo, paz, paciencia, benignidad, bondad, fe, mansedumbre y templanza.

Vuélvela a ti

Señor, observo con desánimo cómo nuestra hija adolescente se alejó de ti. Tú sabes que te entregamos esta niña cuando nació. Recuerdo cuando yo era adolescente. Yo también tenía interrogantes y me rebelaba. Pero en tu tiempo me atrajiste con amor a ti, con más fuerza, con más firmeza, más segura que nunca de la realidad del Señor resucitado, mi Salvador. ¡Haz lo mismo con mi hija, oh Señor, haz lo mismo! Gracias porque tú respondes las oraciones de las madres.

Matrimonio

Señor, que él vea con claridad si ella es la persona adecuada para ser su compañera. Ayúdales a ambos a crecer en ti, Señor. Suaviza las aristas ásperas de su personalidad para que ellos estén preparados para el matrimonio. Si están llamados a compartir su vida, gracias. De lo contrario, haz que ella se aparte de él sin que sufran rechazo o heridas.

Demuestra tu grandeza

Hoy es un día importante para ella en su trabajo pues tendrá que hacer una presentación ante sus jefes. Muévete a favor de ella de una forma poderosa, Señor Dios de los ejércitos. Demuestra tu grandeza en su vida para que otros puedan verte, oh Señor. Protege su cuerpo, mente y espíritu.

Oraciones cuando se producen cambios

Ella está pensando cambiar de trabajo en un par de meses. Señor, guíala al trabajo que tú tienes elegido, en la ciudad que tú has planeado, donde ella pueda usar su educación, aptitudes y capacidad con el mayor aprovechamiento. Continúa manifestando en ella tu soplo de creatividad. Guíala, también, a la iglesia correcta, a las compañeras de cuarto apropiadas y a la vivienda correcta. Te doy gracias por anticipado, porque tú eres un Padre fiel y amoroso. Gracias porque esta hija adulta que me has dado continúa amándote y sirviéndote con sus dones.

Cumple tu voluntad

Cumple hoy tu voluntad en la vida de mis hijos, Padre. Ten misericordia de ellos de acuerdo con tu amorosa bondad.

Elección entre dos trabajos

Señor, apenas parece real. Cuando oramos para que él encontrara un trabajo, tuvo dos oportunidades en vez de una. Dale sabiduría y discernimiento para elegir lo mejor. Gracias, Señor.

Alabanza por una oración contestada

El pasado mes, cuando estaba en la iglesia, me hiciste ver con los ojos de mi entendimiento a nuestros tres hijos con los brazos en alto alabándote, Señor. Escribí en mi diario de oración que aceptaba esa escena y que me mantendría creyéndola hasta que eso se cumpliera. Hoy, revisando mi diario de oración, me di cuenta una vez más de cuán fiel eres. Después de sólo ocho meses, tú los llevaste a los tres a asumir un compromiso profundo, a caminar muy cerca de ti. Ciertamente, se ha hecho realidad que ellos estén cantándote alabanzas con los brazos en alto. ¡Gracias, Señor!

Capítulo Cinco
Orando de acuerdo

"Otra vez os digo, que si dos de vosotros se pusieren de acuerdo en la tierra acerca de cualquiera cosa que pidieren, les será hecho por mi Padre que está en los cielos. Porque donde están dos o tres congregados en mi nombre, allí estoy yo en medio de ellos."

Mateo 18:19,20

Cuando tomamos en serio la necesidad de orar por nuestros hijos, en seguida nos damos cuenta de que la oración con alguien con quien nos hemos puesto de acuerdo puede ser una fuente de fortaleza y ánimo. En ese caso no sólo sobrellevamos los unos las cargas de los otros, sino que también nos regocijamos juntos por nuestras oraciones contestadas. Cada cristiano necesita un compañero de oración con el cual pueda compartir sus necesidades, sus problemas secretos y sus preocupaciones, con la confianza de que nunca los divulgará a otros sino que los llevará sólo al Señor.

La expresión "de acuerdo" en griego es "sumphoneo", que significa sinfonía o armonía musical. Si lo traducimos libremente significa: "Si dos de ustedes pueden armonizar (tener armonía en el Espíritu) en cualquier cosa que pidieren, les será hecho."

Harvey e Ivonne Hester oran cada día por sus dos hijas adolescentes. Por la mañana, antes de que se vayan a la escuela, piden para ellas la bendición de Dios, su dirección y su protección. Algunas noches, cuando sus hijas duermen, sus padres se ponen de pie frente a sus camas y oran de nuevo por ellas.

"Si una de ellas está librando una batalla contra el miedo, nosotros oramos con un versículo como: "No nos ha dado Dios espíritu de cobardía (2 Timoteo 1:7).' "

Así nos lo explicaba Harvey, miembro clínico de la Asociación Americana de Terapia del Matrimonio y la Familia. Esta pareja de Florida dice que ha orado por sus hijos desde antes de su concepción.

Nuestros cónyuges creyentes son los compañeros ideales de oración si es que están deseosos y dispuestos. Las madres solteras o las esposas de hombres inconversos obviamente carecen de este necesario "sistema de apoyo". En estos casos, las mujeres que se constituyen en confiables compañeras de oración para ellas son un verdadero don.

Por varios años he tenido dos compañeras de oración muy apreciadas. Una de ellas es Lib, que por tener la misma edad que yo, tenía hijos de edades similares a las de los míos. Cuando ellos estaban atravesando la "terrible adolescencia", nosotras nos apoyábamos la una a la otra en oración por teléfono casi cada día de la semana. Lo cierto es que aprendimos nuevas profundidades de la oración a través de diversas crisis con nuestros jovencitos, tales como accidentes automovilísticos, enfermedades, visitas a la sala de emergencia de un hospital, dificultades con la ley y hasta escapadas.

Laura, en el otro extremo, era cinco años mayor que yo física y espiritualmente. Aunque vivíamos a más de sesenta kilómetros de distancia, nos encontrábamos dos veces por mes para orar en su casa o en la mía. Ella era la que me alentaba.

— ¡Eh. . . tú lo vas a hacer! — me decía con frecuencia, riéndose de una situación que para mí parecía sin esperanzas —. Escucha. Uno de mis niños pasó por una crisis de ese tipo. Yo voy a orar por esto. Créeme, no es tan terrible como tú piensas.

Si uno de mis hijos era acusado falsamente, Laura me ponía de nuevo en la órbita correcta.

— Esto simplemente no tiene sentido con respecto a tu hijo. No creas ninguna mentira del enemigo. Oraremos y le pediremos a Dios que revele la verdad.

Ella se mantuvo firme en la brecha en mi favor por dos años hasta que el Señor probó que el acusador estaba equivocado.

Debido a que dos de sus hijos estaban casados, tuve el privilegio de orar por sus hijos políticos y por sus nietos.

Después de aquello me mudé lejos de Lib y Laura, pero seguimos intercambiando pedidos de oración por teléfono o por carta. Después de todo, hemos invertido muchas horas juntas en oración como para permitir que la distancia nos aparte espiritualmente.

No pasó mucho tiempo desde que nos mudamos hasta que yo encontré dos nuevas compañeras de oración. Tengo otra vez una amiga madura, Fran, quien pone equilibrio y sabiduría en mi vida de oración. La otra es Carol, quien ora conmigo con una profunda identidad, ya que sus hijos están en la universidad o a punto de iniciar sus carreras. Con estas dos mujeres soy específica en mis motivos de oración, diciéndoles cualquier cosa que está en mi corazón, confiada en que ellas solamente lo compartirán con el Señor. De la misma forma, yo oro por ellas en las buenas y en las malas.

Ya nos ha tocado pasar por un par de situaciones traumáticas. Por ejemplo, hace tres años el hijo de Fran casi muere de cáncer. El año pasado Carol, que había perdido un hijo en un accidente automovilístico, pasó varios meses frente a la cama de un hospital, al lado de su hija de dieciséis años que se había roto el cuello en un choque. ¡Cómo alabamos al Señor por la recuperación!

Otras amigas están disponibles cuando necesito llamarlas y les digo: "Nos gustaría que ores por nosotras para que Dios nos de victoria en la vida de nuestros hijos. A veces ni siquiera menciono el problema o la situación específica."

Mi mejor compañero de oración es mi esposo. Cada día oramos en voz alta por nuestros hijos, llamando a cada uno por su nombre.

"¿Cómo puedes hacer que tu esposo ore contigo?", preguntan con frecuencia las mujeres. Por lo general, les sugiero lo que otras esposas me dijeron que les dio resultado cuando sus esposos eran reacios para orar. La mujer debe decirle a su esposo: "Querido, ¿te importaría que yo ore en voz alta por nuestros hijos y luego tú dices 'amén' de acuerdo conmigo? Al menos él captará la idea de que la oración es una conversación con el Padre."

En el caso de que nuestro esposo no esté seguro de cómo orar en voz alta, le podemos dar algunas oraciones de la Biblia para que las lea mientras nosotras estamos de acuerdo con lo que se pide.

— ¿Orar en voz alta? — me preguntó una madre, frunciendo el ceño en una mirada de total perplejidad.

Yo sabía por qué preguntaba esto, pues yo misma había tenido el problema. Tuve que aprender a orar en voz alta. Mi amiga Laura me animó a oír mi propia voz cuando oraba en voz alta.

He comenzado a tener más libertad en la oración desde que empecé a reunirme con un grupo de oración de seis mujeres, por la mañana temprano, para interceder por nuestras familias una vez por semana. Escuchándolas orar y alabar, he llegado a entender mucho mejor cómo es la oración.

Nos reunimos con nuestro grupo los lunes por la mañana desde las cinco hasta las seis y treinta de la mañana. Cuando las demás salen de sus hogares para llevar a sus esposos al trabajo y a sus hijos a la escuela, Fran y yo nos quedamos para orar sobre nuestros asuntos. Ahora mismo este horario nos da resultado, porque mi esposo sale a trabajar a las cinco y treinta de la mañana, y el esposo de ella está jubilado, así que se levanta más tarde.

Si no tenemos compañeras de oración, podemos pedirle a Dios que las provea. Jesús mismo tenía un círculo íntimo de amigos de oración — Pedro, Jacobo y Juan — que en varias ocasiones se apartaron con El para orar.

Capítulo Seis
Orando por los amigos de nuestros hijos

> *"Y quitó Jehová la aflicción de Job, cuando él hubo orado por sus amigos."*
>
> Job 42:10

Otro inapreciable privilegio que tenemos cuando oramos por nuestros hijos es que también podemos orar por sus amigos.

Los sicólogos dicen que nadie ejerce tanta influencia sobre los adolescentes — positiva o negativamente — como otros adolescentes. Por lo general, un joven es inducido a la primer experiencia con la droga por su "mejor" amigo o amiga. De la misma manera, un amigo que se preocupa puede también salvar su vida. Necesitamos orar para que los amigos de nuestros hijos sean los más adecuados.

Una madre aprendió una nueva forma de orar, después de haber perdido casi toda esperanza con respecto a su hijo Kurt, un estudiante secundario que estaba siendo desviado al mal camino por su amigo Teddy.

— Fue Teddy quien propuso dejar de lado la clase de la escuela dominical y lanzarse fuera de la iglesia — dijo ella —. Más aún, fue él quien compró la botella de vino que bebieron la noche que encontramos a Kurt tirado sobre su cama. Alto para la edad que tenía, Teddy no tuvo problemas para conseguir que le vendieran vino en un negocio donde prevalecía el afán por el dinero. Por su falta de experiencia con el alcohol, la cantidad que tomaron les hizo un efecto tal que los dejó enfermos. Nosotros orábamos pidiendo para que el malestar posterior a la borrachera, y la reprimenda que les dio mi esposo, produjeran efecto en ellos. Pero persistían en sus travesuras. Tuve que enfrentarme al hecho de que mi hijo tenía voluntad propia y que había elegido hacer cualquier cosa que Teddy le sugiriera. Cuando estaban juntos se incitaban el uno al otro a hacer lo malo. Yo estaba preocupada, además, porque Kurt había abandonado a sus otros amigos íntimos sólo para estar a la entera disposición de Teddy.

Más adelante, una noche en que se suponía que Kurt estaba estudiando, se llevó el auto de la familia y buscó a Teddy para dar un paseo por el país. Apenas habían llegado a los límites de la ciudad cuando otro auto chocó con el de Kurt, quien fue a parar al hospital con golpes y heridas múltiples.

Los padres de Kurt lo castigaron, lo aleccionaron, le suplicaron, lloraron y oraron. Y oraron un poco más. Trataron de razonar con Kurt y Teddy juntos, y luego por separado. Aún trataron de procurar la ayuda de la madre de Teddy. Nada dio resultado, ni siquiera prohibir a los chicos que se vieran el uno al otro. Ellos se las arreglaban para encontrarse a escondidas.

Teddy se graduó en la escuela secundaria, pero entró en una universidad de la comunidad que quedaba muy cerca, lo cual facilitaba que los dos muchachos continuaran viéndose.

Cuando la mamá de Kurt terminó de hacer todas las oraciones que conocía, finalmente le pidió a Dios que le enseñara a orar. Una noche, tendida en su cama leyendo la Biblia, se detuvo en un versículo del último capítulo de Job: "Y quitó Jehová la aflicción de Job, cuando él hubo orado por sus amigos".

Ella le leyó a su esposo, que estaba acostado a su lado, y exclamó:

— ¡Esto es lo que estuvo faltando en nuestras oraciones! ¡Creo que Dios quiere que oremos por Teddy tanto como lo hacemos por Kurt!

— Bien. Tú oras y yo estaré de acuerdo — le dijo él.

Le pidieron a Dios que bendijera, prosperara y dirigiera a Teddy. No volvieron a pedirle a Dios que apartara a este chico de la vida de su hijo. Cada día oraban pidiendo la bendición de Dios en favor de Teddy.

Dos semanas después, Kurt se dirigió a la cocina donde su mamá estaba preparando verduras para la cena.

— ¿Adivina qué? —le dijo él, sacando una zanahoria de la mesada —. Teddy ganó una beca en béisbol y se va a una universidad en el norte.

— Pero estamos en invierno — dijo ella dejando su cuchillo —. No creo que otorguen becas en la mitad del curso.

— Todo lo que sé es que lo llamaron por teléfono para decirle que obtuvo la beca, y él irá para allá. La universidad queda a dos mil kilómetros de aquí aproximadamente.

Dios había roto la cautividad.

Los padres de Kurt apenas podían creer cuán pronto había contestado Dios sus oraciones en favor de Teddy. No sólo había sido bendecido con el estudio, sino que también estaría separado por un tiempo de su hijo.

Ahora los dos jóvenes aman a Jesucristo. Ambos lo

conocieron un tiempo después en la universidad.

— Yo aprendí una gran lección de esto: debo orar por todos los amigos de mis hijos. También aprendí a preguntarle a Dios cómo orar por ellos — dijo la madre.

Otra madre, cuyo hijo fumaba como una chimenea cada vez que se reunía con cierto grupo de muchachos, oraba siempre con el mismo versículo cuando venía al grupo de oración de la iglesia:

— Señor, libra a mi hijo de las trampas de los que hacen iniquidad. Que los impíos caigan en sus redes, mientras él pasa adelante a salvo (paráfrasis del Salmo 141:9,10).

Cuando ella dejó de orar con este texto, yo le pregunté el por qué.

— Era sólo un versículo de la Biblia con el cual fui guiada a orar. Aquellos muchachos dejaron solo a mi hijo y por lo tanto ya no pido más por esto.

Cristo nos mandó bendecir a los que nos maldicen y orar por los que nos maltratan. Realmente, es difícil saber cuándo orar para que Dios aparte a una persona que está ejerciendo una mala influencia en nuestro hijo y cuándo orar por el bien de esa persona. Esta es la razón por la cual es importante preguntarle a Dios cómo orar.

¿Recuerda que dijimos que un buen amigo puede ser también una influencia positiva para nuestros hijos? En su libro "Changepoints" (Momentos decisivos), Joyce Landorf nos habla acerca de la confianza ciega que ella tuvo que tener durante los varios años que duró su deteriorada relación con su hija Laura.

Un día en que Laura resolvió fugarse con un joven que sus padres sabían que no era un compañero adecuado para ella, se fue a la casa de su amiga Gayle para contarle la novedad. Gayle le recordó que ella siempre había soñado con tener una gran boda en la que su madre cantaría una canción que habla sobre el amanecer y la puesta del sol. Esto convenció a Laura y decidió no fugarse.

El señor Right, quien la había estado pretendiendo por tres años, finalmente captó la atención de Laura. Cuando la pareja se casó nueve meses después, Joyce Landorf cantó "la canción del amanecer y de la puesta del sol" mientras Laura caminaba por el pasillo de la iglesia.

Joyce estaba contenta porque por años había orado para que hubiera una mujer cristiana que pudiera ayudar a su hija Laura para que no naufragara en la vida. Gayle resultó ser la respuesta a esa oración.

No importa la edad que tengan nuestros hijos; ellos están recibiendo la presión de la influencia de sus iguales. Sí, es importante que nosotros oremos por sus amigos.

Aquí hay dos oraciones que podemos hacer:

Señor, te bendecimos y agradecemos por los amigos de nuestros hijos. Haz que ellos puedan ser de buena influencia mutua. Sabemos que tu Palabra dice que las malas compañías corrompen las buenas costumbres. Libra a nuestros hijos de tener malos amigos, malas influencias y de frecuentar malos ambientes. Te pedimos esto en el nombre de Jesucristo. Amén.

Señor, contrarresta la influencia del mundo sobre mis hijos. Líbralos de ser engañados por malos compañeros. Imprime tu Palabra en sus corazones. Líbrame de la amargura cuando vea que mis hijos se rebelan. Dame paciencia para esperar tu tiempo. Muéstrame cómo ser misericordiosa y llena de gracia como lo fue Jesucristo. Amén.

Capítulo Siete
Orando por los que tienen autoridad sobre nuestros hijos

> *"Exhorto ante todo, a que se hagan rogativas, oraciones, peticiones y acciones de gracias, por todos los hombres; por los reyes y por todos los que están en eminencia, para que vivamos quieta y reposadamente en toda piedad y honestidad."*
>
> 1 Timoteo 2:1,2

Cuando oramos por nuestros hijos — sea que vivan en casa o no — ¿nos acordamos de orar por los que tienen autoridad sobre ellos?

Nunca di importancia a orar por los maestros de mis hijos hasta que escuché a un pastor que hacía énfasis en orar por todos los que tienen autoridad sobre nosotros.

Mis tres hijos adolescentes estaban en diferentes escuelas y tenían seis profesores cada uno. Yo no podía conocerlos a todos en forma personal. En cambio, podía presentarlos delante del Señor en oración en una referencia general.

No mucho después que los agregué en mi lista de oración, una de las profesoras de nuestro hijo Keith lo llamó por teléfono a la hora de la cena.

— ¿Qué quería? — le pregunté cuando regresó a la mesa.

— Nada importante. Llamó para disculparse por haberme gritado en clase hoy — dijo él con cierta indiferencia.

Sentía como si quisiera gritar: "¡Gracias, Señor! Gracias por mostrarme la necesidad de orar por los profesores."

¿Era mi imaginación o había una mejor actitud en mis hijos con respecto a sus maestros después que empecé a orar por ellos? Me estaba preguntando esto cuando nuestra hija Quinett, quien se había ido a cursar su primer año en la universidad, llamó a casa una noche en forma inesperada.

— Mamá, mi profesora preferida tiene cáncer y es posible que muera. Voy a ir al hospital para verla ahora mismo. ¿Puedes orar por ella?.

Lo hice en ese mismo momento y ella estuvo de acuerdo con mi oración.

Siguiendo esta línea de pensamiento, necesitamos también orar para que nuestros hijos sean protegidos de la mala enseñanza que reciben de profesores mundanos y no cristianos. ¡Qué bendecidos somos cuando nuestros hijos aprenden principios bíblicos que les son enseñados por maestros que están sometidos al Señor!

Ahora que mis hijos están ocupados en sus trabajos, veo también que es necesario orar diariamente por sus empleadores. ¿No nos exhorta la Biblia a orar por todos los que están en autoridad?

Además oro de esta forma para que ellos estén en el trabajo correcto:

"Señor, haz que este muchacho encuentre sólo el trabajo que tú quieres que tenga. Cierra las puertas de los que tú no quieres para él. Te agradezco en el nombre de Jesús. Amén."

Recuerdo la primera vez que pedí esto en favor de Keith. Era su penúltimo año en la escuela secundaria, y buscó trabajo en todo lugar conocido de nuestra pequeña comunidad. No se presentaba ninguna oportunidad. Por supuesto, yo estaba orando para que Dios mantuviera las puertas cerradas de aquellos lugares donde El no quería que Keith estuviera. Por último, nuestro pastor le habló acerca de un trabajo como conserje en un parque industrial. Lo aceptó, aunque no le agradaba el horario que tenía, de seis de la tarde a dos de la madrugada.

Pero este fue uno de los mejores veranos de Keith. Estaba libre durante el día para practicar natación, su pasatiempo favorito, en el océano Atlántico. Por la noche, cuando estaba limpiando ventanas, fregando pisos y limpiando alfombras con aspiradora, los hombres cristianos que trabajaban con él le hablaban acerca del diezmo, de las ofrendas, de la oración y de otros temas espirituales de los que conversábamos a menudo en nuestros cultos familiares. De alguna forma estas charlas tuvieron un fuerte impacto por provenir de hombres de trabajo. ¡Cómo agradecí a Dios por ese trabajo y por ese patrón tan especial que daba trabajo a personas cristianas!

Cuando Keith se graduó en la universidad, preparó sus valijas, llenó una pequeña casa rodante con algunos enseres, y se mudó a una ciudad a unos seiscientos kilómetros de distancia, donde él tenía deseos de vivir. Ahora, mientras busca su trabajo, estoy orando por él: "Señor, abre las puertas correctas. Dale un buen jefe que pueda aconsejarlo con principios cristianos."

Un verano hice una oración "de abrir puertas" en favor de su hermana Sherry. Los resultados fueron asombrosos. Consiguió un empleo como oficinista en un hotel turístico en la playa. Pronto tuve la sensación de que algo andaba mal con su trabajo. Seis semanas más tarde Sherry vino a casa a media mañana. Había perdido su empleo. ¡Cuánto lo lamentamos!

¿No habíamos orado y pedido a Dios que le diera el trabajo correcto? Sí. ¿No era un trabajo que se adaptaba a sus planes de cursar el último año en la universidad? Sí. ¿Qué fue lo que estuvo mal entonces?

Mientras Sherry se tiró en su cama llorando, me senté a su lado, acariciando su cabello y pensando algunas de las cosas negativas de su trabajo. Había tenido que manejar varios miles de dólares en la caja cada noche y luego entregarlos al responsable de la caja de seguridad en el edificio de al lado. Un poco riesgoso para una chica de diecisiete años. Hacía poco que en la playa había ocurrido un robo en el que fueron asesinados dos empleados. Además de eso, una empleada de su misma edad se había ocupado en crear un estado de confusión en la oficina. Yo había orado varias veces con mi hija por esa chica que causaba problemas.

Mientras le estaba dando algunas palabras de ánimo, mi esposo asomó la cabeza por la puerta, nos miró tendidas en la cama, y me preguntó:

— ¿De qué manera has orado por Sherry?

— Bueno, tú sabes que cada día le pido al Señor que la proteja de ambientes malos, de malas influencias y de gente perversa.

— ¿Entonces por qué te sorprendes de que haya perdido su empleo? ¿No puedes ver la protección de Dios sobre ella?

¡De pronto cambié la perspectiva de mis pensamientos!

Luego de la humillación inicial, Sherry se esforzó para salir a buscar otro trabajo. En una semana encontró uno. Casi nos habíamos olvidado de su primer trabajo, cuando el verano siguiente, el que la había empleado aquella vez, le pidió que volviera al hotel en la playa. Dado que tenía la posibilidad de otro trabajo, lo rechazó.

Tal vez Dios le hizo comprender a ese jefe el verdadero valor de Sherry. Tal vez nunca lo sepamos con certeza, pero el Señor fue bondadoso al hacernos saber que había sido reivindicada a los ojos de ese hombre.

A pesar de que resultó doloroso, aprendimos una lección de valor. Ahora podemos comprender con mayor facilidad a los que atraviesan circunstancias similares. Con seguridad, nuestras angustias constituyen un tiempo de aprendizaje y adiestramiento para situaciones futuras. Pero en el caso comentado, creemos que pudimos experimentar la protección de Dios sobre nuestra vida.

Cuando me acuerdo de aquel empleador, alabo a Dios porque su esposa es ahora un miembro activo en el grupo de oración de la iglesia y comparte con él en su hogar acerca de las oraciones contestadas.

Sí, podemos decir con el apóstol Pablo que deben ser hechas rogativas, oraciones, intercesiones y acciones de gracias, especialmente en favor de los que están en autoridad con respecto a nuestra vida y también a la vida de nuestros jóvenes.

Capítulo Ocho
Orando en el Espíritu

> *"Porque si yo oro en lengua desconocida, mi espíritu ora."*
>
> 1 Corintios 14:14

El timbre chillón del teléfono me hizo despertar sobresaltada. Encendí la luz y miré el reloj. Eran las dos de la madrugada. Cuando me di cuenta de que podría ser una emergencia, comencé a orar en lenguas mientras iba a atender el teléfono.

—¡Hola!

— Soy Betty. Siento molestarte a esta hora, pero tengo un pedido de oración importante.

Aunque estaba medio dormida, reconocí la voz de mi amiga. Era una de las pocas mujeres de oración a quien yo recurría cuando necesitaba apoyo.

— Acabamos de recibir un llamado telefónico referente a nuestro hijo Juan. Estaba en el festival de rock de Nueva Orleans y tomó algunas drogas, y un polvo que produce efectos peligrosos. Nosotros le rogamos que no fuera, pero un muchacho de veinticinco años que vive fuera de su casa no escucha a sus padres. Un ministro amigo nos llamó y nos dijo: "Juan está fuera de sí en la sala de psiquiatría de un hospital." Necesito oración por Juan, por Jorge y por mí. Estamos saliendo para Nueva Orleans.

Oré brevemente con ella y luego continué intercediendo en oración después que cortó la comunicación. Durante las próximas dos semanas Betty llamaba con frecuencia a la oficina de nuestra iglesia para informarnos sobre la condición de Juan. Nosotras, sus guerreras de oración, llamábamos por nuestra parte a la iglesia para que nos dieran información sobre su evolución.

— Se está retorciendo y silbando como una serpiente, su lengua se mueve dentro y fuera de la boca con un ritmo rápido, mientras nos escupe a su padre y a mí — le dijo Betty al pastor —. Nada lo calma hasta que yo me siento al lado de su cama y oro en lenguas sin interrupción por horas.

En su próxima llamada, dijo:

— Parece como que al tomar aquellas drogas se entregó a las influencias demoniacas. Los médicos nos dicen que no hay esperanzas. Creen que va a quedar con vida vegetativa. Ni siquiera nos reconoce a nosotros.

Después de tres semanas y poca mejoría, un agente de policía y un enfermero del hospital llevaron a Juan en una camioneta acolchada al hospital psiquiátrico más cercano a su casa. Aún tenía que estar atado a una cama para reducir los daños físicos que podía provocarse a sí mismo o a los demás. A excepción del personal del hospital, sus padres y el pastor, no se le permitía a nadie entrar en su habitación. Un grupo de nuestra iglesia continuó sosteniendo en oración a Betty y a Jorge, creyendo que la mente de Juan sería restaurada.

— Juan se aquieta únicamente cuando yo intercedo en voz alta hablando en lenguas — me dijo Betty cuando llamó por teléfono —. Así, y sólo en ese momento, deja de silbar como una serpiente y de sacudirse .

Nosotros continuamos orando durante los dos meses

siguientes. Para ese entonces su madre le leía la Biblia en voz alta y el nuevo informe médico sobre Juan mostraba que su mente estaba curada. ¡Cómo nos regocijamos algunas semanas más tarde cuando Juan llegó a su casa! Después de un tiempo lo vi una mañana en la oficina de la iglesia a donde se dirigió en busca de consejo.

— Juan, pareces importante — le dije, preguntándome si habría tenido un cambio interior.

— Gracias. Yo sé que Dios salvó mi vida por las oraciones de mi mamá — dijo él —. Ella me dijo que oró en lenguas durante horas cuando yo ni siquiera estaba consciente de que ella permanecía al lado de mi cama. Le doy toda la gloria a Jesucristo por haberme liberado.

Al decir eso, me dio un gran abrazo.

Han pasado tres años y su mente continúa libre y clara. ¿Y su madre? Todavía ora diariamente en lenguas por sus tres hijos.

Simplemente, cuando no sé cómo orar por mis hijos en mi idioma natal, recurro al lenguaje especial de oración que Dios me dio cuando recibí el bautismo en el Espíritu Santo. Debido a que mis hijos están fuera de casa y ya no conozco detalles sobre sus necesidades diarias, me dedico a orar más y más en el Espíritu.

Cuando oro en lenguas, estoy confiando en el versículo que dice: "Mas el que escudriña los corazones sabe cuál es la intención del Espíritu, porque conforme a la voluntad de Dios intercede por los santos" (Romanos 8:27). El apóstol Pablo nos da un consejo valioso en el capítulo seis de Efesios: "Orando en todo tiempo con toda oración y súplica en el Espíritu" (v.18). ¡Esta es una gran orden!

"De igual manera, por fe, el Espíritu Santo nos ayuda en nuestros problemas diarios y en la oración. Porque no sabemos qué debemos pedir ni sabemos pedir como debemos, pero el Espíritu Santo ora por nosotros con un ardor tal que no se puede expresar con palabras. Y el Padre, que además conoce los corazones, claro está que entiende lo que el Espíritu dice, porque él pide por nosotros de acuerdo a la voluntad de Dios. Además sabemos que si amamos a Dios y nos adaptamos a sus planes, todo cuanto nos sucede ha de ser para el bien nuestro" (Romanos 8:26-28, La Biblia al día).

Las madres que oran en lenguas en favor de sus hijos han experimentado por sí mismas la intervención de Dios en esas vidas. Ellas saben también que toda oración hecha en el Espíritu es una oración inspirada en la voluntad de Dios.

Capítulo Nueve
Orando durante el conflicto

"Pues aunque andamos en la carne, no militamos según la carne; porque las armas de nuestra milicia no son carnales, sino poderosas en Dios para la destrucción de fortalezas."
2 Corintios 10:3,4

El que intercede se interpone a veces entre Dios y una persona rogando por ella. Otras veces se interpone entre Satanás y una persona batallando por ella. Alguien dijo una vez: "La oración se dirige hacia Dios y la lucha hacia el enemigo."

En Proverbios 31 leemos acerca de la mujer virtuosa que trabaja con diligencia con sus manos. Las dos clases de manos que se mencionan en este tan citado capítulo son *yad* y *kaph* en la lengua hebrea.

Cuando dice *kaph* se refiere a las manos extendidas hacia Dios, suplicándole en favor de sus amados.

Cuando usa *yad* se trata de manos guerreras, luchadoras. La mujer virtuosa, devota, hace la guerra con sus manos. Me la imagino levantando su puño en alto y diciendo: "Satanás, no dominarás a mi familia. ¡Te lo prohíbo con la autoridad que me dio el Señor!"

Creo que Dios está llamando a las mujeres para que luchemos en oración. Aunque no lo hemos comprendido del todo, pertenecemos a un ejército que libra una batalla espiritual. Pero como Jesucristo es nuestro jefe, ¡nosotras venceremos! Corrie ten Boom acostumbraba a decir: "El que no reconoce al enemigo es por cierto un mal soldado."

En la actualidad, cuando vemos que un número creciente de nuestros jóvenes se deja influir por el demonio a través de las drogas y del ocultismo, estamos más conscientes que nunca de que "no tenemos lucha contra sangre y carne, sino contra principados, contra potestades, contra los gobernadores de las tinieblas de este siglo, contra huestes espirituales de maldad en las regiones celestes" (Efesios 6:12).

Pablo nos recuerda también que "las armas de nuestra milicia no son carnales, sino poderosas en Dios para la destrucción de fortalezas" (2 Corintios 10:4).

Como madres cristianas, podemos batallar para destruir las fortalezas que traban a nuestros hijos, utilizando las poderosas armas de Dios que encontramos en Apocalipsis 12:11: "Y ellos le han vencido por medio de la sangre del Cordero y de la palabra del testimonio de ellos."

Nuestra autoridad se deriva de nuestra correcta relación con Jesucristo, el Cordero que fue inmolado. El a su vez nos da la autoridad en su Nombre para ordenar al enemigo que suelte a nuestros hijos.

En la guerra contra Satanás y sus fuerzas demoniacas, podemos usar la Palabra de Dios como nuestra arma, de la misma forma en que lo hizo Jesucristo cuando fue tentado por el enemigo. En efecto, nuestro Señor dijo simplemente: "Vete, Satanás, porque escrito está. . ." y continuó citando la Palabra de Dios.

Una madre puede luchar diciendo algo parecido a esto en voz alta: "Vete, Satanás, de la vida de mi hijo. No tienes autoridad porque yo soy hija de Dios, y su Palabra dice que la descendencia del justo será librada. Tengo un pacto con el Dios Todopoderoso por medio de Jesucristo que murió por mí. Por eso debes soltar a mi hijo."

La Escritura dice: "Y todo lo que atares en la tierra será atado en los cielos; y todo lo que desatares en la tierra será desatado en los cielos" (Mateo 16:19).

¿Cuál es el significado de las frases "será atado en los cielos. . . será desatado en los cielos"? Williams, un traductor de la Biblia, señala que la forma verbal usada indica algo "en un estado de haber sido ya prohibido (o permitido)". Así, todo lo que es atado o desatado por un cristiano que esté de acuerdo con la voluntad de Dios, ya ha sido hecho en el cielo.

Más adelante Jesús nos enseña: "Porque ¿cómo puede alguno entrar en la casa del hombre fuerte, y saquear sus bienes, si primero no le ata? Y entonces podrá saquear su casa" (Mateo 12:29).

En el contexto de ese pasaje encontramos a Jesús echando fuera demonios. La palabra griega para atar en este versículo es *deo*, que significa "ajustar o atar como con cadenas", como se ata un animal para que no se escape. Nosotros tenemos que atar en la tierra lo que ya ha sido atado en los cielos.

¿A qué se refiere entonces desatar? ¡A dar libertad a los cautivos! La palabra griega para desatar es *lud* que se define en el diccionario como "desatar cualquier cosa atada o ajustada; desatar una ligadura; dejar en libertad; librar de la prisión. Libertar de la esclavitud o de la enfermedad (a alguien tomado por Satanás) mediante la restauración a salud".

¿Recuerda la historia de Jesús cuando curó a una mujer que había estado encorvada por un espíritu malo por dieciocho años? "Mujer, eres libre de tu enfermedad", le dijo el maestro (Lucas 13:12). Poderosos como son, Satanás y los demonios pueden ser atados; sus víctimas pueden ser libertadas o desatadas por el poder superior de Dios.

Aunque el enemigo tiene un inmenso reino de espíritus perversos que trabajan para él, el Señor nos ha dado armas con las cuales luchar. Nuestra responsabilidad es declarar la guerra y arrebatar a nuestros hijos de las trampas que Satanás les tiende.

Otra arma poderosa que tenemos a nuestra disposición es la expresión de la alabanza. Las cadenas de Satanás se rompen cuando nosotros alabamos y honramos al Dios Altísimo (ver Salmo 149:6,8).

La lectura de los Salmos nos hace conscientes de que nosotros debemos alabar a Dios en cualquier circunstancia. No importa cuál sea nuestra situación, Dios es digno de nuestra alabanza. Antes de que Jesús dejara la cena de la Pascua con sus discípulos para ir al Getsemaní y su agonía, El cantó un salmo de alabanza.

"Bendice, alma mía, a Jehová, y bendiga todo mi ser su santo nombre. Bendice, alma mía, a Jehová, y no olvides ninguno de sus beneficios", cantó David (Salmo 103:1,2).

Satanás odia la alabanza porque ella centra nuestra atención en Dios. Pero nosotros la podemos usar como un arma poderosa para destruir fortalezas, para decirle al enemigo que debe retirarse, porque Dios es nuestro Padre y El pelea las batallas de sus hijos.

A continuación cito algunas oraciones de la Biblia que presento a Dios de cuando en cuando. Estoy segura de que El le va a mostrar muchos otros versículos de su Palabra:

Padre, en el nombre de Jesucristo, vengo a tu trono para presentar delante de ti a mis hijos. Me pongo en la brecha entre tú y ellos e intercedo en favor de ellos. Tú me dices que ate lo que ya está atado en los cielos y que desate lo que ya ha sido desatado. Hago esto, en este momento, en actitud de fe.

Por tanto, a Satanás y sus poderes, gobernantes de las tinieblas y las fuerzas espirituales de maldad que han venido contra mis hijos, los ato en el poderoso nombre de Jesucristo. ¡Manténganse lejos de mis hijos! Yo liberto a mis hijos para que puedan ser todo lo que Dios tiene previsto que sean.

Padre, te pido que ordenes a tus ángeles que cuiden a mis hijos en todos sus caminos (Salmo 91:11). Tú prometiste que no nos sobrevendrá ningún mal y que ninguna plaga tocará nuestra morada (Salmo 91:10). ¡Gracias, Padre! En el nombre de Jesucristo. Amén.

Satanás, te ato con la autoridad de Jesucristo, mi resucitado Salvador y Señor, y a todos tus poderes malignos que están ocasionando esta situación el día de hoy en la vida de mis hijos. En el nombre de Jesucristo, te ordeno que detengas tus maniobras que entorpecen el cumplimiento de la voluntad de Dios (Mateo 18:18-20).

Capítulo Diez
Orando en medio de la aflicción

"Levántate, da voces en la noche, al comenzar las vigilias; derrama como agua tu corazón ante la presencia del Señor; alza tus manos a él implorando la vida de tus pequeñitos."

Lamentaciones 2:19

Mujeres, Dios quiere abrirse paso en nosotras para poder abrirse paso por medio de nosotras. Las mujeres saben lo que significa esforzarse y tener dolores de parto para traer a luz la vida física. Asimismo Dios usará mujeres rendidas a El para que se esfuercen y tengan dolores de parto para traer la vida espiritual, sacando a nuestros hijos de la oscuridad y llevándolos a la maravillosa luz de Jesucristo.

Como madres de oración, a veces sentimos la urgencia de tener dolores de parto en oración por nuestros hijos. Nosotras queremos que ellos nazcan de nuevo y que sean liberados de cultos de esclavitud, drogas, alcohol u otras trampas del mundo. Cuando damos a luz a nuestros hijos, a menudo experimentamos agonía, dolor y llanto. El Espíritu de Dios nos llama a "tener dolores de parto" nuevamente (Gálatas 4:19). "Como la mujer encinta cuando se acerca el alumbramiento gime y da gritos en sus dolores, así hemos sido delante de ti, oh Jehová" (Isaías 26:17).

Nadie me explicó esta dimensión de la oración. Mi esposo y yo descubrimos esto cuando tuvimos una crisis con uno de nuestros hijos. Ahora sabemos por experiencia lo que significa caer con nuestros rostros en llanto, oración y gemido. No se trata de algo que nosotros podemos "llevar a cabo". Más bien es la obra del Espíritu Santo en nosotros.

Aun Jesús, mientras vivió en la tierra, ofreció ruegos y súplicas con "gran clamor y lágrimas" (Hebreos 5:7).

Otros pasajes que hablan de llanto son: Salmos 6:6,7; Nehemías 1:4 y Lamentaciones 2:11,18,19.

Eche mano de esta promesa: "Los que sembraron con lágrimas, con regocijo segarán. Irá andando y llorando el que lleva la preciosa semilla; mas volverá a venir con regocijo, trayendo sus gavillas" (Salmos 126:5,6). Sí, los que sembraron con lágrimas cosecharán con regocijo.

Durante años la hija de Dot, una chica de veintiún años, había amado a su familia y a su iglesia. De pronto comenzó a asistir a fiestas desenfrenadas con amigos disolutos. Dot pasó un día entero en oración con dolores de parto — muchísimo de este tiempo postrada sobre el piso — llorando por su hija. Ella me dijo:

— Oré en inglés, oré en lenguas. Usé oraciones bíblicas para luchar contra Satanás y sus fuerzas demoniacas. Gemí en lo íntimo de mi ser. Una que otra vez me levanté y recorrí el piso orando en voz alta. Finalmente me desplomé en una vieja silla mecedora, y estaba leyendo mi Biblia cuando de pronto vino a mi corazón el texto de Isaías 54:13: "Y todos tus hijos serán enseñados por Jehová; y se multiplicará la paz de tus hijos." Ahora tenía fe para confiar en que Dios cumpliría lo que le pedía. De algún modo yo sabía que las Escrituras se convertirían en realidad en la vida de mi hija; por lo tanto, comencé dar gracias a Dios porque El le enseñaría y le daría su paz. Seis meses después nuestra hija volvió al Señor y a nuestra familia. Como un beneficio adicional, el Señor le dio nuevos amigos.

Yo le pregunté:

— ¿Habrá sido la oración con dolores de parto el punto crucial?

Ella admitió:

— Creo que sí. Nunca he sentido tanta angustia de alma como en aquel día, el día en que la liberé a ella después de tres días de trabajo angustioso. En ese tiempo sentí con realidad que estaba luchando por su alma. Puede ser que haya sido mi oración.

Además, debemos ser perseverantes en nuestras oraciones. Jesús relató la historia de un hombre persistente que no se dio por vencido hasta que su amigo se levantó de la cama, abrió la puerta y le dio pan. El quiso decir que nosotros debemos asimismo ser perseverantes en nuestras peticiones. El dijo más adelante: "Pedid, y se os dará; buscad, y hallaréis; llamad, y se os abrirá" (Mateo 7:7).

Examinemos la fe y la perseverante oración de Elías, uno de los principales profetas de Dios. Después que Israel había sufrido tres años y medio de sequía, el Señor le dijo a Elías que se presentara ante el rey Acab, y El enviaría la lluvia. Elías le dijo al rey en forma confidencial: "Sube, come y bebe; porque una lluvia grande se oye" (1 Reyes 18:41).

Note que Elías creyó que iba a llover. Dios lo había prometido. Pero cuando él dijo esas palabras, no había absolutamente ninguna evidencia de que la lluvia estaba por mojar la tierra reseca por el sol. ¿Qué hizo el profeta? Escaló hasta la cima del Monte Carmelo y se agachó en tierra con su cabeza entre las rodillas. Esa es en el Medio

Oriente la postura que hubiera correspondido a una mujer que estaba dando a luz o la posición de meditación para los hombres. Luego él oró fervorosamente siete veces.

Pienso que Elías estaba agradeciendo a Dios de antemano por el hecho de que la lluvia estaba en camino, aunque ciertamente no había evidencias todavía. Cuando la primera diminuta "señal" apareció, era una mera nube del tamaño de la mano de un hombre. Una señal insignificante para los ojos de algunos, pero no para Elías. En poco tiempo el cielo se cubrió de nubes negras y vino una lluvia fuerte. El viejo Acab corrió hacia Jezreel en su carro de combate, pero el poder del Señor vino sobre Elías, que fue corriendo delante de Acab todo el camino hacia Jezreel, a unos treinta kilómetros de distancia.

Hace un tiempo reviví esa escena con mi imaginación cuando estuve en el Monte Carmelo y contemplé el exuberante verde de los llanos de Jezreel. ¡Cómo anhelé tener la profundidad de fe que Elías mostró en el relato que se describe en 1 Reyes 18!

Más tarde me sentí animada al leer en Santiago 5:17,18 que Elías fue un hombre con una naturaleza semejante a la nuestra, y no un personaje exaltado. Como un ser humano común, ofreció sus fervientes oraciones con fe.

¿Cómo podemos aplicar la lección del tiempo de oración de Elías? A veces el Señor nos permite saber que nuestros hijos están saliendo de una situación de crisis. Este es el tiempo de creer a Dios, de afirmarse en su Palabra y de agradecerle por anticipado por la oración contestada. Mientras tanto, oramos con persistencia, algunas veces como con dolores de parto, dejando que el Santo Espíritu que está en nosotros interceda con gemidos indecibles.

Sally, una madre que tenía una fe semejante a la de

Elías, nos contó acerca de un período de prueba en la vida de su hijo.

— Cuando mi hijo Todd cumplió dieciséis años, me parecía que había perdido contacto con él. Estaba tieso y silencioso, como en una cápsula. Lo peor de todo es que había evidencias de que se había apartado de Dios. Yo observaba impotente que otros muchachos ejercían sobre él más influencia que la que teníamos nosotros. Mi único recurso era la oración. Una noche iba caminando sola por la playa, hablando con el Señor acerca de mi hijo. Después de más de una hora, me agaché y tomé un pequeño molusco blanco y negro que estaba indefenso mientras era sacudido por olas gigantescas. Cuando lo tomé, tenía el conocimiento interior de que Dios me estaba diciendo: "Este molusco tenía mucho potencial para crecer. También lo tiene tu hijo. Sólo confía en mí para que pueda pulirlo y perfeccionarlo."

Sally llevó su "molusco promesa" a su casa, lo lavó con jabón y lo puso sobre la repisa de la ventana de la cocina. A menudo lo tomaba, lo sostenía en el aire bien alto y suspiraba una triunfante oración: "Señor, tú lo prometiste."

Todd se desvió más y más en abierta rebeldía. Una tarde salió furioso de la casa gritándole a su madre:

— ¡No puedo ser la clase de cristiano que quieres que sea!

Luego desapareció hasta las primeras horas de la mañana. A medida que los meses pasaban continuó probando toda clase de descarrío de la adolescencia. Sally observaba todo con tristeza, pero continuaba su trabajo de oración en favor de él.

Cuando Todd se fue a la universidad, no había en él señal de arrepentimiento o cambio para bien. Habían pasado cuatro años desde que Sally había recibido su promesa en la playa. Una noche sintió la urgencia de escribir a su hijo acerca de su especial "molusco-promesa", terminando su carta con las palabras del pasaje al cual se había aferrado: "Mantengamos firmes, sin fluctuar, la profesión de nuestra esperanza, porque fiel es el que prometió" (Hebreos 10:23).

Al poco tiempo Todd escribió su respuesta.

"Mamá, tu carta me hizo tan feliz que casi lloré. No sabes esto, pero el martes, la noche que escribiste tu carta, fui a la ciudad a escuchar la función de una banda cristiana. Realmente me sentía hundido. Pero le di todo a Dios. Me siento bien. Sé que no será fácil, pero esta vez lo haré. Aprecio ahora todo lo que tú y papá han hecho por mí. Gracias. Y gracias a Dios por su 'molusco-promesa'."

Cuando oramos a Dios, con frecuencia nos dará una seguridad especial en cuanto a nuestros hijos. Podrá venir por medio de un texto bíblico, o como en el caso de Sally por algo personal que Dios susurra a nuestro espíritu. Cuando llega, podemos permanecer en esa palabra con fe firme. Hasta que veamos su promesa cumplida, habremos acumulado algunas horas de oración perseverante, pero nunca debemos rendirnos, pues Dios es fiel.

El evangelista David Wilkerson observa: "En meses recientes el Espíritu Santo ha estado despertando a esposos, esposas y abuelos, y llamando de nuevo a los creyentes a un más profundo andar en el Espíritu. Hay una operación de purificación que se mueve por todas partes, y el Espíritu sobre los hogares, trae de nuevo lágrimas de arrepentimiento y hace crecer el hambre por la autenticidad."

Nunca antes había oído un lamentar tan intenso y la oración con trabajo como de parto como la que se escucha en el Muro Occidental de Jerusalén. Allí, junto a los únicos restos que quedan de la pared que una vez cercó los templos edificados en los tiempos de Salomón y de Herodes, los peregrinos — judíos y cristianos por igual — llegan de todas partes del mundo para orar. Durante las veinticuatro horas del día la gente se para frente a los muros para orar, y muchos con gemidos expresivos.

Estuve allí un frío domingo de febrero, y había una mujer que estaba cerca de mí sollozando sin control mientras apretaba su cuerpo contra el muro. De cuando en cuando empujaba una hoja de papel en el que había escrito el nombre de un ser amado, metiéndolo en una rendija del muro y gimiendo aún más fuerte. Aunque no la conocía, me sentí como si fuera de su familia. Uní mis oraciones a las suyas: "Señor, tu voluntad es salvar. Da a su familia corazones arrepentidos" dije suavemente mientras ella continuaba orando. Eramos dos madres, de lugares distantes del planeta, que orábamos por nuestras respectivas familias.

La intercesión ha sido llamada "el proceso de Dios para dar a luz". Las madres que saben lo que significa sufrir los dolores de parto en la oración, pueden decir "amén".

Capítulo Once
Orando por nuestros hijos descarriados

> *"Dios salvará al humilde de ojos. El libertará al inocente, y por la limpieza de tus manos éste será librado."*
>
> Job 22:29-30

Después de una fuerte tormenta de invierno que duró tres días, todavía quedaba una capa de nieve de unos treinta centímetros. Mientras mi esposo manejaba con precaución sobre el pavimento escarchado, descubrí una ovejita negra perdida no lejos del costado del camino, empantanada sin esperanza en el blanco manto.

—¡Mira, mira! — grité unos minutos después.

Vi que un campesino saltó hacia el pequeño ovillo negro de lana, la levantó con cuidado en sus brazos y se encaminó hacia la granja cercana para ponerla a salvo en su redil.

Mi ánimo decaído se levantó. Acabábamos de pasar tres días encerrados en casa orando sobre una situación en la vida de una de nuestras preciosas "ovejas". Dios me recordaba una vez más que Jesús, el Buen Pastor, estaba vigilando por sus ovejas. Y El también está vigilando por las ovejas que usted cuida.

Si usted tiene un hijo extraviado, tenga esperanza. Imagínelo restaurado a plenitud, cantando alabanzas a Jesucristo. Conserve con fuerza esa imagen. Luego lea Lucas 15 (el capítulo de lo perdido y recuperado). Usted también tendrá motivos para regocijarse.

Este pasaje ha animado a muchos padres que tenían su corazón decaído. Como un gran modelo, nos muestra que el Buen Pastor deja las noventa y nueve ovejas para ir a buscar la que se ha perdido. La encuentra, la pone sobre sus hombros y la trae de vuelta con seguridad. Llamando a sus amigos, dice: "Gozaos conmigo, porque he encontrado mi oveja que se había perdido" (Lucas 15:6).

Uno de los ejemplos de nuestro tiempo que más animan el corazón es la restauración de Franklin, el hijo del evangelista Billy Graham. En la actualidad es un ministro ordenado que sirve en las misiones. En su juventud fue un rebelde.

Una noche, mientras su madre oraba por su "oveja perdida", como ella lo llamaba, se arrodilló una vez más para encomendar a Franklin al Señor. Ella comprendió que primeramente debía "entregar hasta lo último de sí misma al Señor". Lo hizo así y luego buscó la respuesta de Dios.

— Dios me impactó al decirme: "Te haces cargo de lo posible y me confías lo imposible."

El día de la ordenación de Franklin, su madre compartió su historia y agregó: "Hoy ustedes están viendo lo imposible."

"Pero era el hijo de Billy Graham — podemos argumentar —. ¿Qué podemos decir de los hijos descarriados de la gente común?"

Conozco otra madre que nunca abandonó la oración por su hija Carolina, quien a la edad de dieciocho años llegó a ser una popular modelo en la televisión. Desilusionada, la chica se volvió al alcohol, drogas y sexo, buscando su satisfacción. Aunque se había criado en la iglesia, se convirtió en una traficante de droga para mantener su vicio. Dio las espaldas a todo lo que había aprendido, alejándose a sabiendas de Dios.

Una noche, a la edad de treinta y nueve años, completamente disgustada con lo que había llegado a ser, Carolina se arrodilló junto a su cama y clamó con dos pequeñas palabras: "¡Dios, ayúdame!"

— Caí sobre mis rodillas como una pecadora y me levanté sabiendo que Jesucristo era mi Salvador y Señor — cuenta ella —. Corrí hacia el salón de bebidas del cual era una de los propietarios y le conté a cada uno que estaba allí acerca de Jesucristo. Nunca más tuve deseos de tocar el alcohol o las drogas. Poco después le dejé el salón a mi ex socio y me mudé para empezar una vida nueva. Mi madre había orado por mí durante veinte años y nunca abandonó la esperanza. Sé que fueron sus oraciones las que me trajeron al arrepentimiento.

Por tres años he observado a Carolina y he visto cómo ha traído personas al conocimiento del Señor, muchas de ellas perdidas errantes como ella lo fue una vez.

Madres, por medio de nuestras oraciones, el Pastor está tratando de alcanzar nuestras ovejas para traerlas al rebaño; ovejas como Franklin y Carolina. Nuestra parte es orar con la confianza de que nuestros hijos no salvados serán receptivos cuando el Pastor los vaya a buscar a ellos.

En Lucas 15 podemos leer la historia del Hijo Pródigo. Yo lo llamo el "hijo-dame" porque él demandó su herencia antes del tiempo debido. Podía haber agregado: "Papá, no puedes llegar a morir tan pronto como yo lo deseo para disponer de mi herencia. Dame lo que es mío, así me puedo alejar de este lugar aburrido."

Ninguna súplica, discusión o amenaza habría podido

cambiar la mente de ese hijo. Algunos de nosotros conocemos cómo se sufre eso. Hemos sido heridos por nuestros hijos. Pero ¿podemos perdonar como lo hizo el Padre del hijo pródigo? ¿Podemos creer que, aparte de toda circunstancia, algún día abriremos la puerta de nuestra casa y veremos a nuestros hijos e hijas arrepentidos volviendo al hogar?.

Notemos de qué mala forma ese hijo partió de su hogar. Se fue a un país distante y gastó toda su herencia en una vida disipada. Cuando el hambre golpeó la tierra, hubiera querido comer las algarrobas que comían los cerdos, pero nadie se las daba. Sabía que los siervos contratados por su padre estaban mejor que él. Pensando en eso volvió en sí y se dirigió a su casa, deseando ser tal como un peón.

Estando todavía bastante lejos, su padre lo vio. Esto me convence de que el padre creía que algún día volvería de regreso. El padre lo esperaba cada día con expectativa. Cuando el padre divisó a su hijo descarriado, se llenó de compasión, corrió hacia él, lo abrazó y lo besó una y otra vez. Imagine a este padre que, aún antes de saber que este muchacho estaba arrepentido, sucio y polvoriento como venía directamente del chiquero, salió a su encuentro y lo rodeó con todo el amor de que era capaz. Así procedió este padre amoroso. ¡Qué fiesta organizó! El hijo que se había perdido fue encontrado, restaurado. ¡Qué gozo!

Cuando Jeff, el hijo de Jane, se convirtió en su adolescencia en un adicto al alcohol y a las drogas, ella se acercó profundamente al Señor. A menudo estaba tendida en el piso de su habitación intercediendo por su hijo en todas las formas posibles que pudo encontrar en la Biblia. En otros momentos iba a su habitación y oraba contra todos los ataques que el enemigo efectuara contra Jeff. Ella intercedió por varios meses mientras que Jeff andaba en una motocicleta de la pandilla "Los ángeles del infierno". Hizo dos oraciones significativas: "Señor, te doy libertad para que hagas todo lo que tienes que hacer para convertir a mi hijo en un hombre de Dios." Luego oró: "Señor, ven y establece tu trono en la vida de Jeff."

— Después de haber orado por meses, un día supe que mi lucha había terminado — dijo Jane —. La carga había sido removida, aunque todavía no había un cambio significativo en Jeff. Yo tenía ese conocimiento interior de que podía dejar de interceder con tanta intensidad. Por un tiempo las cosas empeoraron. Seis meses después, Jeff tomó una droga peligrosa y estuvo a punto de perder el juicio. En su desesperación gritó: "¡Dios, muéstrame el camino para salir!" Su oración fue contestada por medio de un cristiano en su trabajo, que lo ayudó a encontrar el camino hacia el Señor. Jeff pronto fue librado de los cigarrillos, el alcohol y las drogas. Hoy día tiene una relación creciente con el Señor y predica, canta y toca el piano en una pequeña misión en un barrio bajo. Dios hizo una poderosa restauración en este muchacho rebelde. Nunca dude, en su condición de madre guerrera, del poder de su oración.

Si alguna vez hubo un rebelde, éste fue Aurelio Agustín, mejor conocido hoy como San Agustín de Italia. Aunque su madre Mónica había orado por él diariamente desde que era un jovencito, Agustín siguió su propio camino e incursionó en varias filosofías. Por casi quince años mantuvo a una amante con la que tuvo un hijo ilegítimo.

Mónica, que era una mujer decidida, se había propuesto que su hijo descarriado se convirtiera en un cristiano. Una vez llamó a un obispo africano para que hablara con Agustín acerca de su alma. El obispo se negó a hacerlo, pero confortó su corazón quebrantado con palabras que le daban una gran promesa: "Solamente ora al Señor en favor de tu hijo. Es imposible que se pierda un hijo de tantas lágrimas."

Y ella oró.

Un día Agustín tomó una Biblia y leyó Romanos 13. De pronto todas sus dudas y argumentos en contra del cristianismo se disiparon. Aceptó a Jesucristo. Cuando se lo informó a su madre, ella dijo casi gritando:

— ¡Alabado sea el Señor, quien puede obrar más allá de lo que pedimos o entendemos!

Nueve días después de que sus oraciones de toda su vida habían sido contestadas, Mónica murió.

Durante los próximos cuarenta y cuatro años, Agustín leyó e interpretó las Escrituras. Como Obispo de Hipona fue uno de los hombres de más influencia en su época. Murió en el año 430 d.C., habiendo dejado escritos que dieron iluminación espiritual a miles de personas a través de los siglos.

También mi amiga Bárbara tenía un hijo rebelde. Después que ella se convirtió, buscó al Señor para confiarle su problema. Un día, al leer el segundo capítulo de Joel, este versículo atravesó su corazón: "Por eso pues, ahora, dice Jehová, convertíos a mí con todo vuestro corazón, con ayuno y lloro y lamento" (v. 12).

Por medio de este versículo, Dios hizo brillar una luz en su corazón, revelándole su amargura, enojo y falta de perdón. Así que se arrepintió con ayuno, llanto y oración. También le pidió a Dios que la cambiara.

Luego leyó con alegría el versículo en el segundo capítulo de Joel en el que Dios dijo que El le restituiría los años que comió la langosta (v.25).

— Aunque yo no haya sido la madre correcta que mi hijo necesitaba en sus años de formación, Dios me ha perdonado y ha puesto una promesa en mi corazón — me dijo recientemente —. Yo confié en que El restauraría los años de mi vida en que las perversas "langostas" comieron y me despojaron, y también en que mi hijo aceptaría al Señor.

Para Bárbara, esto era un gran salto de fe. Su hijo ha estado por varios años en la cárcel. Todavía está allí, pero a los veintinueve años él aceptó a Jesucristo.

Bárbara es una de las madres cristianas más gozosas que he conocido. Además de eso, es una poderosa intercesora en favor del sistema carcelario del estado en que vive. Ora por los presos, por los guardias, por el director de la cárcel y por los capellanes. Muchas madres se desmoralizan tanto por tener un hijo en la cárcel que nunca pensarían en interceder por los otros que están en la prisión, pero Bárbara sí lo hizo. Dios ha obrado para bien a partir de una situación mala.

Sí, ella cree que algún día su hijo regresará al hogar. Pero el Señor ya ha sido fiel a su promesa. El Buen Pastor encontró a su oveja perdida, aún detrás de las rejas.

Capítulo Doce
Orando con fe

"Instruye al niño en su camino, y aun cuando fuere viejo no se apartará de él."

Proverbios 22:6

"Tu hijo está usando narcóticos. Lo lamento, pero le dije a Ricardo que si él no lo confesaba, yo mismo te lo diría."

El mejor amigo del pastor Pedro Lord y su esposa Johnnie les dio esta noticia que les cayó como una bomba destructora. En su necesidad extrema, ellos buscaron a Dios.

El pastor Lord reconoció con sabiduría que las madres son con frecuencia más sensibles que los padres a la guía del Señor con relación a sus hijos. Por lo tanto, sugirió que su esposa se recluyera para ayunar, orar y buscar la dirección de Dios en cuanto a su hijo mayor. Por supuesto, mientras Johnnie hizo su retiro espiritual, Pedro también se mantuvo en profunda intercesión.

Johnnie Lord lloró y lloró delante del Señor en favor de Ricardo, mientras se tambaleaba a causa de este terrible golpe.

En la tercera mañana de ayuno, el Señor trajo con

nueva vida a su corazón dos versículos de la Biblia. El primero era: "Y a Aquel que es poderoso para hacer todas las cosas mucho más abundantemente de lo que pedimos o entendemos" (Efesios 3:20). El segundo era igualmente poderoso: "El Señor cumplirá su propósito en mí" (Salmo 138:8).

Ella preguntó con alegría: "Señor, ¿qué propósito tienes para la vida de Ricardo?"

— Muy claramente el Señor me aseguró que iba a usar a Ricardo en su plan redentor hacia otras personas — recuerda ella.

Cuando fue a su casa, Johnnie le dijo a su esposo:

— Ricardo deberá abandonar sus malos hábitos y sus nuevos amigos, porque Dios lo va a usar en su obra.

A pesar de su optimismo, Ricardo iba de mal en peor. El pastor Lord oraba de la misma forma, pero trató de negociar con Dios.

— Señor, haz todo lo que tengas que hacer para captar la atención de Ricardo; cualquier cosa, pero no permitas que él vaya a la cárcel.

— ¿Por qué no puede ir a la cárcel?

— Bueno, tú sabes, Señor, que los periódicos publican noticias muy sensacionalistas. No resultaría bueno para tu reino que hubiera titulares que dijeran a todo el mundo que el hijo del pastor está en la cárcel por cargos de uso de narcóticos.

Cuando el Señor le mostró su orgullo, Pedro, en obediencia, lo confesó como un pecado y oró de nuevo:

— Está bien. Haz cualquier cosa para atraer a Ricardo a ti, Señor; cualquier cosa.

Pocos días después ocurrió lo inevitable. Ricardo fue encarcelado en otra ciudad. Cuando sus padres lo visitaron, le llevaron su correspondencia. Entre ésta había un reintegro de su impuesto a las rentas, y con ese dinero él pagó su propia fianza.

¿Sirvió su experiencia en la cárcel para conmoverlo y

volverlo a la senda? No. Pero su madre continuó orando, recordándole al Señor repetidamente que Ricardo había sido instruido en los caminos del Señor. Ella se sostuvo en las promesas que Dios le había dado durante su solitario tiempo de ayuno.

También le agradeció al Señor por algunas cualidades buenas que tenía Ricardo: el haber sido elegido como el muchacho más popular de su clase y el haber recibido una pequeña beca en la universidad.

Las semanas se transformaron en meses, sin que se advirtiera ninguna señal de progreso; mientras tanto Ricardo continuaba con su estado de rebeldía.

De pronto Ricardo volvió a su casa. Se puso al día con el sueño, se alimentó con comidas nutritivas y comenzó a ir a la iglesia regularmente, una condición que le puso su padre cuando volvió al hogar.

Un viernes por la noche Ricardo se encontró a solas con Jesucristo y le entregó su corazón. Entretanto, los cargos sobre drogas que pesaban sobre él fueron suspendidos milagrosamente.

Poco después Ricardo se matriculó en una universidad cristiana y luego se graduó en el seminario. Ahora, en la primera iglesia de la que es pastor, ha ayudado a muchos jóvenes a salir de las drogas y el alcohol presentándoles a Jesucristo y el poder transformador del Espíritu Santo.

¡Sí! ¡Dios obró "mucho más abundantemente" de lo que su madre podría pedir o entender! ¿Qué hubiera pasado si esas oraciones de los padres no hubiesen sido contestadas con tanta rapidez como lo fueron? Conociendo a Pedro y a Johnnie Lord como los conozco, puedo decir con seguridad que ellos todavía estarían confiando con mucha fe en las promesas que Dios les había dado.

Si nosotros hemos educado a nuestros hijos según los principios cristianos, pero luego los hemos visto alejarse de Dios, Johnnie Lord nos ofrece una palabra de ánimo:

— A pesar de lo mala que parezca la situación, agradezca a Dios porque El va a obrar en su hijo, y lo traerá de regreso a su tiempo. Nunca pierda las esperanzas — dice ella.

Aún en los momentos de mayor crisis, no debemos olvidar que la Palabra de Dios nos dice que si instruimos a nuestros hijos en el camino que ellos deben seguir, aun cuando sean viejos no se apartarán de él.

Mientras tanto, cuando transitamos por un tiempo en que debemos esperar la respuesta de Dios, podemos afirmar con Pablo: "Porque por fe andamos, no por vista" (2 Corintios 5:7).

Capítulo Trece
Orando por nuestros hijos creyentes

"Por lo cual también nosotros, desde el día que lo oímos, no cesamos de orar por vosotros, y de pedir que seáis llenos del conocimiento de su voluntad en toda sabiduría e inteligencia espiritual."

Colosenses 1:9

Una madre preguntó: "¿Cómo se debe orar por los 'hijos buenos'? Ellos viven para el Señor y no ocasionan ningún problema a nadie. ¿No deberíamos orar más por los inconversos, y dejar a los jóvenes que ya están sirviendo al Señor al cuidado del Espíritu Santo?"

Pablo llama a los colosenses "fieles hermanos en Cristo" (Colosenses 1:2). Aunque él los reconocía como verdaderos creyentes, veía que todavía tenían necesidad de oración; por eso dice que no ha cesado de orar por ellos.

Sí, los hijos buenos — los que están caminando con el Señor — necesitan las oraciones de sus madres tanto como los hijos renegados. El enemigo no está contento de que esos jóvenes estén caminando con el Señor y hará todo lo que pueda para que se desvíen. Los tentará, los desanimará y hará que otros hablen mal de ellos. Aun podrá hacer que estén tan ocupados en hacer cosas para el Señor que se olviden de que es más importante ser lo que el Señor quiere que sean. Debido a que Satanás es sagaz y astuto, "los niños buenos" necesitan la valla de protección que provee la oración, tanto como la necesitan los hijos que están fuera de la familia de Dios.

Susana, la madre de Juan y Carlos Wesley, el gran predicador y el escritor de himnos, respectivamente, les enseñó el alfabeto cuando eran muy pequeños. Poco tiempo después ellos comenzaron a leer la Biblia.

Susana Wesley fue una mujer de acción, una disciplinadora estricta pero justa, y una mujer de oración. Se relata que oraba diariamente con Juan y Carlos y con cada uno de sus hijos que vivían (tuvo diecinueve, pero no todos sobrevivieron). Sabía que la oración diaria y firme era importante en la vida de sus hijos piadosos. Tal vez no es extraño que dos de sus hijos realizaran tanto en el reino de Dios.

Una madre contemporánea, Laura, nos dice por qué ora por sus hijos. "Todos los míos necesitan ayuda diaria para caminar fielmente con el Señor. Los hijos piadosos, así como los que no son tan buenos, también son acosados con tentaciones. Yo le pido a Dios que los proteja de todo mal, porque el enemigo va a trabajar para desanimarlos. Oro para que tengan un creciente concepto de lo que son en Jesucristo. Y oro para que el fruto del Espíritu Santo sea evidente en su vida. Diariamente oro en favor de los míos una porción de la oración del Señor: 'No los metas en tentación, más líbralos del mal' (Mateo 6:13)."

Orar por los que amamos para que sean librados de la tentación, no es una idea nueva. Jesús oró sobre este asunto en favor de Pedro: "Simón, Simón, he aquí Satanás os ha pedido para zarandearos como a trigo; pero yo he rogado por ti, que tu fe no falte."

Simón Pedro respondió: "Señor, dispuesto estoy a ir contigo no sólo a la cárcel, sino también a la muerte" (Lucas 22:31-33). Sin lugar a dudas, Pedro decía esto con sinceridad. Pero Jesús sabía que poco después vendría una tentación feroz para que pecara negándole. Sabía que Pedro iba a fracasar. En lugar de estar enojado con él, simplemente oró por él y luego añadió esta instrucción: "Y tú, una vez vuelto, confirma a tus hermanos" (v.32).

Jesús no sólo oró por Pedro, sino también por todos sus discípulos. En su gran oración en la que encomendó a sus seguidores al cuidado de Dios, él ora:

"He manifestado tu nombre a los hombres que del mundo me diste; tuyos eran, y me los diste, y han guardado tu palabra. . . Porque las palabras que me diste, les he dado; y ellos las recibieron. . . Yo ruego por ellos; no ruego por el mundo, sino por los que me diste; porque tuyos son. . . Padre santo, a los que me has dado, guárdalos en tu nombre, para que sean uno, así como nosotros" (Juan 17:6,8,9,11).

Si Jesús oró de esta manera por sus hijos espirituales, nosotros, como padres, deberíamos orar aun más por nuestros hijos creyentes, para que ellos sean protegidos por el poder del nombre de Jesucristo. Podemos orar así: "Querido Señor, te traigo mis hijos a ti. Ellos han oído la Palabra de Dios que les he enseñado, y han creído. Ahora, guárdalos, protégelos, por el poder de tu nombre, Señor Jesucristo. No permitas que el enemigo les robe la enseñanza que han recibido; antes bien, haz que esa enseñanza se desarrolle en ellos. Hazlos poderosos hombres y mujeres de Dios para tu honra y gloria."

Bethy tiene cuatro hijas casadas y todos sus esposos e hijos aman al Señor y le sirven. Ella ora todos los días por cada uno de ellos en forma particular:

1. Para que no sean engañados. 2. Para que no anden en error. 3. Para que puedan ser contados como dignos de estar delante del Señor en su venida.

El apóstol Pablo, oró también por los que estaban bajo su cuidado. Primero alaba su fidelidad a Dios: "A los santos y fieles en Cristo Jesús que están en Efeso" (Efesios 1:1). Estos eran cristianos fuertes. Luego les dice cómo oraba por ellos:

"Por esta causa también yo, habiendo oído de vuestra fe en el Señor Jesús, y de vuestro amor para con todos los santos, no ceso de dar gracias por vosotros, haciendo **memoria de vosotros en mis oraciones**" (Efesios 1:15,16).

¿Y para qué oraba Pablo en favor de esos santos creyentes?

"Para que el Dios de nuestro Señor Jesucristo, el Padre de gloria, os dé espíritu de sabiduría y de revelación en el conocimiento de él" (Efesios 1:17).

¡Cuán maravilloso es orar por nuestros hijos creyentes, para que Dios les de "Espíritu de sabiduría y de revelación" para que ellos puedan conocerle mejor! ¿Qué cosa mayor podemos pedir como padres sino que nuestros hijos conozcan mejor a Dios? ¿Qué metas más altas pueden tener delante nuestros hijos que la sabiduría y la revelación? En el mundo hace falta gente con sabiduría, que sepa qué se necesita hacer y cómo Dios quiere que sea hecho.

Pablo continúa diciendo: "Alumbrando los ojos de vuestro entendimiento, para que sepáis cuál es la esperanza a que él os ha llamado, y cuáles las riquezas de la gloria de su herencia en los santos, y cuál la supereminente grandeza de su poder para con nosotros los que creemos, según la operación del poder de su fuerza" (Efesios 1:18,19).

Es legítimo que los padres cristianos hagan esta oración. En tiempos en que pareciera que hay tan poca esperanza, necesitamos orar para que nuestros hijos puedan conocer la esperanza a la cual han sido llamados. Ellos necesitan ver que la vida presente no es todo, que ellos ya son ricos a causa de la herencia que van a recibir. Son ricos ahora, porque son herederos y herederas en el reino de Dios.

Consideremos también "la supereminente grandeza de su poder" que menciona Pablo. ¿Cuál es la promesa para los que creen?

"Según la operación del poder de su fuerza, la cual operó en Cristo, resucitándole de los muertos y sentándole a su diestra en los lugares celestiales, sobre todo principado y autoridad y poder y señorío, y sobre todo nombre que se nombra, no sólo en este siglo, sino también en el venidero" (Efesios 1:19-21).

¿Nos damos cuenta de que Pablo está pidiendo que los creyentes experimenten en su vida el mismo poder que levantó a Cristo de los muertos, el mismo poder que lo sentó a la diestra de Dios, el mismo poder que le dio a Jesucristo toda autoridad y señorío? Esto es lo que Pablo está pidiendo para sus amados hijos de Efeso, y esto es lo que nosotros podemos pedir a favor de nuestros hijos que ya son seguidores de Jesucristo.

Nuestros hijos pueden llegar a ser usados para transformar el mundo. Entre ellos habrá grandes evangelistas, predicadores, maestros y misioneros que ayudarán a traer la salvación al mundo. Algunos tendrán el don de fe para orar por los enfermos y verlos sanados. Otros tendrán el don de administrar para traer orden y progreso a la iglesia. Otros serán grandes músicos cuyas canciones ablandarán corazones duros e incrédulos. Algunos serán escritores y editores de literatura cristiana. Habrá otros que serán políticos que cambiarán la forma de la política y llevarán a sus naciones a mirar a Dios.

No hay límite en cuanto a lo que estos jóvenes piadosos podrían lograr si están investidos por el Espíritu Santo y son sostenidos por las oraciones de padres que creen. Dios está buscando gente por medio de la cual pueda cambiar el mundo. Para eso El quiere usar a nuestros hijos e hijas.

Oremos para que nuestros hijos lleguen a ejercer influencias positivas en un mundo impío. Oremos para que ellos manifiesten a Cristo ante sus compañeros de estudio y sus profesores. Oremos para que ellos sean a la vez "sal" y "luz" en el mundo en que se mueven. Jesús dijo: "Así alumbre vuestra luz delante de los hombres, para que vean vuestras buenas obras, y glorifiquen a vuestro Padre que está en los cielos" (Mateo 5:16). Sólo Dios sabe qué sucedería si nosotros, padres cristianos, oramos sinceramente para que nuestros hijos sean influencias en favor de la justicia en sus escuelas y en sus trabajos.

Una joven madre tenía la costumbre de orar por sus dos hijos cada día, justo antes de enviarlos a la escuela. Oraba para que les fuera bien en las tareas escolares, para que tuvieran en buen día con sus compañeros de clase, para que Dios ayudara a sus profesores, y para que su vida fuera un testimonio de Jesucristo.

Este ritual diario frente a la puerta, se convirtió en una parte tan importante de su vida, que si la madre se olvidaba de orar, uno de los hijos decía: "Mamá, ¿no vas a orar por nosotros hoy?"

Un día uno de los niños dijo: "Mamá, ora por mi maestra; su esposo se está muriendo." Algunas veces pedían oración por sus amigos que habían pecado o que tenían problemas en sus hogares. A causa de tantas oraciones, estos jovencitos ejercieron una influencia para Dios en sus escuelas todos los años de su crecimiento. Tenían conciencia de que eran embajadores de Cristo en un mundo pecador. Esto influyó en la forma en que ellos vivieron y actuaron.

Ahora uno de ellos es estudiante universitario, vive en su casa, y las cosas no han cambiado mucho. Cuando debe dar una charla, o tiene un examen difícil por delante, o se ve en apuros para cumplir en poco tiempo con un trabajo importante, aún dice: "Mamá, ¿puedes orar por mí?"

Oremos para que nuestros hijos sean ejemplo, no sólo en medio de un mundo pecador, sino también en medio de los creyentes. Pablo tuvo mucho que decir sobre esto a su hijo espiritual Timoteo. Es un buen ejercicio para los padres leer las dos cartas que Pablo escribió a Timoteo, para ver la clase de instrucción y oración que Pablo daba a este joven.

En una ocasión le aconsejó: "Ninguno tenga en poco tu juventud, sino sé ejemplo de los creyentes en palabra, conducta, amor, espíritu, fe y pureza" (1 Timoteo 4:12).

Pablo se dio cuenta de la importancia que tiene el ejemplo de un joven cristiano sobre los otros creyentes. Los jóvenes necesitan ser conscientes de que no viven para ellos mismos. Cada joven constituye un ejemplo para otro más joven que lo está observando con confianza. Por otra parte, la exuberancia de la juventud anima a los santos de más edad a saber que el reino de Dios descansa en buenas manos y que va a continuar.

Los jóvenes que son enseñados a orar saben cómo orar. Algunos de ellos se convierten en guerreros de oración, dedicando largos períodos de tiempo para la oración.

Es interesante que la mayoría de los grandes avivamientos del pasado surgieron como consecuencia de que algunos jóvenes, generalmente de edad universitaria, se consagraron a la oración.

Es un hecho que el gran movimiento del Espíritu Santo en este siglo, comenzó en Topeka, Kansas, Estados Unidos, cuando un grupo de estudiantes de un instituto bíblico oró día y noche sin cesar, en ciclos de tres horas. Las oraciones subían continuamente a Dios desde los corazones fervorosos de estos jóvenes. El primer día del año 1901, Dios derramó su Espíritu sobre estos estudiantes que oraban.

En los tres días siguientes, los jóvenes oraron, alabaron, dieron gracias, y adoraron a Dios sin interrupción. Desde allí el avivamiento se extendió a las ciudades y pueblos vecinos, luego a los estados cercanos y finalmente a Azusa, California, donde en el edificio de una ex iglesia metodista, los creyentes comenzaron a reunirse y a orar. Ese avivamiento duró tres años, continuando día y noche sin interrupción.

Gente de todas partes del mundo visitó este avivamiento. Muchos fueron bautizados en el Espíritu Santo. Centenares se convirtieron. Desde allí el avivamiento pentecostal se esparció por todo el mundo.

Los jóvenes que están comprometidos con Dios, pueden tener una influencia poderosa sobre el mundo a través de la oración y el ejemplo de su vida.

Pablo le da a Timoteo otra palabra de advertencia que podemos tener en cuenta para orar por nuestros jóvenes. El dice: "No descuides el don que hay en ti, que te fue dado mediante profecía con la imposición de las manos del presbiterio" (1 Timoteo 4:14).

Sin duda, se está refiriendo a lo que ocurrió cuando Timoteo fue ordenado. Pero Dios da dones a cada creyente. Cada uno de nuestros hijos tiene dones que Dios le ha dado, para hacer algo de una manera en que ninguna otra persona en la tierra lo puede hacer. Ore para que Dios ponga delante de sus hijos, como prioridad de su vida, el don o los dones que les ha dado. Ore para que sean animados a desarrollar los dones que han recibido, para que puedan ejercitarlos con provecho.

Satanás tratará de desanimar a nuestros hijos para que no usen sus dones y talentos para Dios. El se asegura de que el mundo ofrezca muchos llamados y oportunidades para que usen sus talentos allí, en lugar de hacerlo en el servicio de Cristo. Oremos para que nuestros hijos dediquen sus capacidades al Señor.

Oremos también por el trabajo de nuestros hijos, para que Dios les guíe a los lugares donde El quiere que estén. Y mientras tanto, debemos orar también por nosotras mismas y por nuestros esposos. ¿Qué haríamos si Dios llamara a nuestros hijos a servirle en otra parte del mundo? Antes de adelantar una respuesta apresurada, piense en lo que esto significa. ¿Con qué frecuencia llegaría a ver a sus nietos? ¿Qué clase de situaciones de insalubridad e inseguridad vivirían nuestros hijos sin que nos podamos compadecer de ellos? ¿Qué sucedería cuando seamos ancianos y nuestros hijos sólo pudieran visitarnos cada tres o cuatro años?

Jesús dijo: "Rogad, pues, al Señor de la mies, que envíe obreros a su mies" (Mateo 9:38). Esto no es tan difícil de hacer hasta que nos damos cuenta de que los obreros que El puede querer enviar son nuestros propios hijos.

Tenemos que alcanzar a un mundo moribundo y perdido, y nadie sabe cuánto tiempo tenemos para esa tarea. Oremos para que Dios use en su mies a nuestros jóvenes piadosos, ya sea en un lugar cercano o en el exterior, sea en un ministerio de tiempo completo o en el mercado de nuestra ciudad. Dios usará a cualquiera que esté deseoso, no importa cual sea la ocupación que tenga.

Una madre, con lágrimas en sus ojos, le dijo a la esposa del pastor:

— Pensar que yo oré y entregué mi hijo al cuidado de Dios, y ahora El lo llama para ser un misionero. Esto es más de lo que yo podía haber pedido.

No había tristeza en el corazón de esa madre, sino un gran gozo de que Dios había elegido a su hijo para un propósito especial y con un llamado especial.

Otro hombre, un misionero de mediana edad, acababa

de saber que su madre estaba muy enferma. Sabía que ella iba a morir.

— Si pierdo a mi madre, ¿quién orará por mí? — dijo él —. Otras personas me dijeron que oran por mí, pero yo no sé si ellos realmente lo hacen. Mi madre es la única persona en la tierra con la que puedo contar verdaderamente para que me sostenga en oración.

Además, no debemos olvidar de orar por las esposas y esposos de nuestros hijos. Aunque todavía sean muy jovencitos, no es demasiado pronto para empezar a orar por aquellas personas que algún día serán parte de nuestra familia. Billy Graham y su esposa comenzaron a orar por las parejas de sus hijos cuando ellos eran muy pequeños, y además han animado a otros para que hagan lo mismo.

Oremos por la vida espiritual de las futuras parejas de nuestros hijos, y para que éstos estén deseosos de esperar lo que Dios tiene preparado y no se conformen con elecciones propias. Debemos orar para que esas vidas se encuentren en el tiempo y en la forma en que Dios tiene planeado. Oremos para que sus vidas unidas sean un ejemplo de Cristo y su esposa, la iglesia, y que juntos puedan ganar almas para Cristo y servir en el reino de Dios.

Si vemos la necesidad de orar por nuestros hijos piadosos, y sin embargo se nos hace difícil orar, podemos hacer lo que mencionamos antes. Podemos traer delante del Señor la Palabra de Dios y hacer de su palabra nuestra oración. Haciendo esto, estamos diciendo: "Sí, Señor" a los pasajes que leemos en su Palabra.

Varias madres que conozco, utilizan Isaías 11:2 como una oración modelo, aunque reconocen que este pasaje se refiere a la venida del Mesías:

— Padre, oro para que el Espíritu del Señor esté sobre

el Espíritu de sabiduría y de entendimiento, el Espíritu

de consejo y de poder, el Espíritu de conocimiento y de temor del Señor.

Otras madres encuentran ayuda en la oración de Pablo:

— Oro para que Dios llene a _____ con el conocimiento de su voluntad en toda sabiduría e inteligencia espiritual; que _____ pueda vivir una vida digna del Señor y pueda agradarle en todo, llevando fruto en toda buena obra, creciendo en el conocimiento de Dios, siendo fortalecido con todo poder conforme a su gloriosa potencia para que _____ pueda tener toda paciencia y longanimidad, y que con gozo participe de la herencia de los santos en luz (Colosenses 1:9-12).

Ya sean descarriados o piadosos, nuestros hijos se ven beneficiados por nuestra "permanencia en la brecha" de oración por ellos.

Capítulo Catorce

Orando por nuestros hijos casados

"Pero yo y mi casa serviremos a Jehová."
Josué 24:15

La oración de una madre por sus hijos casados incluye naturalmente a sus cónyuges. Deben ser oraciones para que hagan elecciones correctas en cuanto a sus carreras, para que cultiven el compañerismo con los cristianos, para que tengan hogares piadosos, y para que cuenten con la dirección de Dios, su guía y su sabiduría en cada esfuerzo.

Laura oró por muchos años para que el esposo de su hija tuviera una relación más íntima con el Señor. Mientras tanto, ella lo amaba y aceptaba como era. Los años pasaron, y comenzó a ver algunas señales que la animaron. En una ocasión en que los médicos diagnosticaron que su mamá tenía cáncer de pulmón, él le pidió a Laura que orara. Cuando la muestra de tejido confirmó que era benigno, llamó a Laura para darle la noticia:

— El médico dijo que el tejido pulmonar de mamá parecía churrasco machacado con una maza y que debe de haber sido canceroso. Pero nosotros sabemos cómo fue sanada, ¿no es cierto?

Laura compartió otro testimonio poderoso conmigo:

— Mi abuela York oraba por cada uno de sus seis hijos, sus cónyuges, hijos, y nietos, nombrándolos individualmente cada día. Se mantenía al tanto de lo que estaba sucediendo con cada uno de ellos, de modo que podía orar específicamente. Ahora que han pasado veinticinco años desde que murió, todos sus descendientes son cristianos.

Esto debería animarnos a nosotras, las madres, para no dejar avanzar el desánimo en situaciones por las que oramos.

Aceptemos que es la voluntad de Dios que los cónyuges de nuestros hijos sean salvos, y entreguémoslos al Señor. Debemos estar seguros de que El los atraerá a sí mismo, porque los hemos confiado a El. Con esta seguridad, podemos dejar en las manos de Dios el tiempo y la forma en que El obrará en su vida.

Una suegra escribió: "Tenemos que aceptar a nuestros hijos políticos tal como son, y ser para ellos un apoyo emocional y espiritual."

Los ojos azul claro de Ester se llenaron de lágrimas cuando me habló de su hermosa hija Diana, que quedó parapléjica cuando tenía alrededor de veinte años, a causa de un accidente automovilístico.

— Después de esto se rebeló y se enojó contra Dios y contra nosotros — dijo Ester —. Durante este período, se casó con un inconverso. Mi corazón quedó destrozado. "¿Qué había pasado con todas las oraciones que hice por ella?" me preguntaba. Actualmente ella y su esposo tienen una hermosa niña, un precioso milagro de Dios. Mientras oraba la otra mañana, el Señor me hizo ver que mi yerno Tim, que perdió a sus dos padres, tenía necesidad de que me mantuviera en la brecha por él. Creo que pronto aceptará a Jesucristo como su Salvador y

Señor, y será el esposo cristiano que yo pedí años atrás para Diana. Debido a que yo instruí a Diana en los caminos del Señor, tengo la promesa de que cuando fuere vieja, no se apartará de ellos. Por lo tanto, puedo mantenerme en una posición de fe acerca de ella y de Tim. En realidad, ya veo los indicios de un ablandamiento, de una respuesta.

Ester me mostró con satisfacción una foto de su pequeña nieta.

Aún durante tiempos difíciles, podemos alabar a Dios por el cumplimiento futuro de sus promesas en favor de todos los que pertenecen a nuestra familia.

Nuestras hijas Quinett y Sherry están orando para que Dios les dé esposos como David, quien era "valiente y vigoroso y hombre de guerra", quien hablaba bien y era de buen parecer y el Señor estaba con él (1 Samuel 16:18).

Un día nuestro hijo Keith le dijo a su novia:

—Tú eres una joya, un verdadero tesoro. Mi mamá oró por mi futura esposa durante años. Ella no sabía tu nombre, pero te estaba rodeando con oración.

Cuando Keith me contó eso, se me hizo un tremendo nudo en la garganta. Me acordé del tiempo cuando me preguntaba, durante sus años juveniles de rebeldía, si él sabía o tenía en cuenta que yo estaba orando por él y por su futuro. Actualmente él es un artista gráfico en una revista cristiana muy importante, y está involucrado en una nueva pero floreciente iglesia. Su futura esposa espera usar su talento para el canto en el servicio del Señor.

Cuando consolábamos a una de nuestras hijas porque había roto su compromiso, nos maravillamos por su capacidad de seguir dependiendo de Dios sin mirar atrás. Al cabo de dos semanas, se sentó y garabateó una oración pidiéndole al Señor que le mostrara al hombre especial que tenía para su vida en su tiempo y a su manera.

Mientras tanto, su papá y yo devolvimos los regalos de casamiento, y enviamos notas diciendo que la boda había sido cancelada, y tratamos de mantener nuestras cabezas en alto por encima de todo esto. Con la ayuda de Dios salimos de esta crisis familiar, porque El nos está enseñando cómo debemos orar por nuestros hijos.

Capítulo Quince
Orando por nuestros hijos incapacitados

"De cierto os digo, que el que no reciba el reino de Dios como un niño, no entrará en él."

Marcos 10:15

"Tú eres una mamá especial si puedes ver a tu hijo incapacitado, sin amargura o rebelión, como un regalo especial de Dios para ti", dice la madre de un chico que padece parálisis cerebral.

Mi amiga Bonnie tiene tres chicos activos y saludables, y un hijo de cuatro años, Adán, que padece esa enfermedad. Con buena disposición, ella comparte algunas de las formas en que ora por Adán:

1. — Oro para que otros chicos acepten a mi hijo y traten de hacerse amigos de él, aunque lo vean diferente.

2. — Oro por mí misma, por nuestros hijos, y por el resto de nuestra familia, para que tengamos sabiduría y paciencia ilimitadas.

3. — Oro para que la vida de mi hijo incapacitado glorifique a Dios en la tierra, cumpliendo la tarea que Dios le ha dado para hacer (Juan 17:4). Oro para que

las potencialidades de Adán sean aprovechadas al máximo, y que el propósito para su vida sea enteramente cumplido al poder afectar a otros.

4. — Sí, oro por su sanidad, y espero.

Estoy segura de que a Dios le complacen oraciones similares de los corazones de cientos de madres quienes, como Bonnie, tienen un hijo especial para amar, cuidar y desarrollar en oración.

Yo me alegré con Bonnie cuando una profesora de la escuela de enfermería, que había trabajado con Adán durante un año, le escribió contándole de su propio cambio de corazón.

Ella dijo: "Me llevé una buena impresión de Adán, y sabía que algo faltaba en mi enseñanza. Me di cuenta de que la única forma de ser como él, era permitir al Señor que tomara mi vida. Jesús dijo que a menos que nos volvamos como niños, no podremos entrar en el cielo. Adán es un regalo de Dios con un propósito especial en esta tierra. Por medio de él, el Señor me mostró el camino a Jesucristo."

Dios usó a este pequeño niño para conducirla a ella al Señor.

Brenda y Jorge Waller tienen un hermoso hijo de catorce años, Ben, quien en la iglesia se sienta quietamente al lado de ellos. Lo extraordinario es que Ben es autista y retardado. Pero envuelto en las continuas oraciones de sus padres, está andando bien sin medicación.

"¿Por qué a mí? — preguntó Brenda cuando los médicos le dijeron que Ben no solamente tenía una fisura palatina sino que también era retardado y autista —. ¿Sería porque Dios podía confiarnos a nosotros ese pequeño tesoro? Sólo sé que me aferré al Señor más y más desde que Ben vino a nuestra vida. Al principio no quise aceptar sus limitaciones. Quería convencerme a mí misma de que simplemente tenía un retraso en el aprendizaje. El tiempo pasó, y tuve que aceptar el diagnóstico médico. En cambio, no fue necesario aceptar todas las cosas negativas que él me dijo que sucederían en el transcurso de su vida. Decidí llevar una vida familiar lo más normal posible. Me comprometí a esto frente a mi esposo y a mis otros hijos. Con la ayuda de Dios, creo que lo hicimos."

Ben no toma medicación para controlar su hiperactividad o cualquier otro aspecto de su condición. Dado que él se niega a tomar medicamentos cuando está enfermo, sus padres tienen que depender de Dios para que se sane.

"Parece que Dios responde nuestras oraciones por Ben más rápido que el resto de nuestras oraciones. Oramos por él cuando está dormido, y le pedimos al Señor que lo toque en cada área de su vida, incluso su cuerpo físico", dijo Brenda.

Los que han conocido a Ben a través de los años, están de acuerdo en que él ha evidenciado una marcada mejoría. Sus padres agradecen al Señor por eso, y confían en que Ben algún día estará restaurado en su mente y en su cuerpo.

Charlotte, cuyo esposo estuvo en estado de coma durante trece años y murió recientemente, tiene una hija retardada de cuarenta y cinco años. Emilia vive a más de seiscientos kilómetros de su madre, con el supervisor del centro de atención donde está empleada. Charlotte le agradece a Dios diariamente por proveer para las necesidades de Emilia.

— El Señor ha sido misericordioso en rodear a Emilia con personas que la aceptan y le dan la oportunidad de ser tan productiva y adaptable como es — dijo Charlotte —. A ella le encanta trabajar en ese centro con los bebés y con los niños que están aprendiendo a caminar. Los mece, les cambia los pañales, les canta y ora con ellos. Además, tiene un sueldo que le permite pagar su pensión en la casa de familia donde vive. Toma el autobús para ir a trabajar y los domingos va caminando a una pequeña iglesia al final de la calle.

Emilia fue la segunda de cuatro hijos, y estuvo expuesta a las oraciones y lectura de la Biblia en su hogar, como el resto de sus hermanos. Según cuenta su mamá, hace dos años Emilia clamó a Dios pidiéndole el Espíritu Santo para que la llenara y cubriera sus necesidades.

— Ella se dio cuenta de que era sistemáticamente rechazada por otras personas (aun por los miembros de la iglesia a la cual asistíamos en nuestra pequeña ciudad); pero ella sabía que Jesucristo no la rechazaría. En esa dura situación, Dios suplió su necesidad. Se ha acercado al Señor más que el resto de mis hijos, y nunca pierde la oportunidad de compartir lo que Jesucristo ha hecho para ella. Dice que habla con Dios de todas las cosas y El le dice lo que tiene que hacer. Es hermoso ver su fe como de un niño y su devoción al Señor — me dijo aquella madre, mostrándome la última foto de Emilia luciendo un nuevo y elegante corte de cabello y una amplia sonrisa.

— Creo que aceptar a una hija como Emilia, es el primer paso que debe tomar una madre que tiene un hijo incapacitado — continuó Charlotte —. Resulta una experiencia que produce asombro y humildad, orar por ese hijo y observar cómo Dios contesta las oraciones en las pequeñas áreas que representan lo más substancial de su vida. Ya que Dios ha provisto para sus necesidades físicas, yo continúo orando para que El satisfaga su hambre espiritual y permita que su pequeña luz brille para El. Yo le agradezco por el amor que hemos llegado a conocer a través de Emilia, y por lo que nuestra familia ha aprendido de ella. Ha sido una bendición para todos. Por eso le pido a Dios que continúe bendiciéndola.

Hace poco, cuando Marcos, uno de los amigos de mi hijo de veintiún años, murió de una enfermedad que lo atormentaba desde su nacimiento, le escribí una nota a su mamá. Su respuesta fue de gran valor para mí:

"Gracias por recordarme. De algún modo la vida de Marcos ha hecho que su muerte sea más fácil para nosotros. El no estaba amargado, no luchó contra Dios, y no tenía lástima de sí mismo. Parecía que se veía a sí mismo como uno a quien Dios bendijo ricamente. En realidad, lo fue, como también lo somos nosotros."

Mi compañera de oración, Carol, perdió a su hijo de catorce años antes de que yo la conociera. Ella me dijo que había llamado a cada pastor de su pequeña comunidad y les había pedido que anunciaran la muerte de Hal el domingo desde sus púlpitos con un mensaje: "Dígale a su gente que lo que le dimos a Hal — educación, cosas materiales y amor — no sirve para nada si no conocía a Jesucristo y tiene vida eterna."

Cada vez que ora por la necesidad de algún conocido, Carol le pide a Dios que tome esa oración y la use para otros que tengan necesidades similares, tal vez para madres afligidas o perturbadas.

La pérdida de un hijo por su muerte nos ayuda a recordar que Dios es nuestro compañero en la aflicción. Jesucristo ha pasado por sus sufrimientos y muerte, y está pronto para ministrarnos en medio de nuestro dolor.

La mayoría de nosotros conoce la madre de un hijo anormal que necesita el apoyo y sostén de nuestras oraciones. Nuestra sobrina Karen, de catorce años, no puede hacer cosas básicas como vestirse, usar la escupidera, y ni siquiera hablar. Cómo admiro a su madre y me animo al ver en ella una medida de compasión que yo no he experimentado personalmente.

Un pasaje bíblico alentador para nosotras las madres, especialmente para mamás como la de Karen, es este: "Porque yo sé a quién he creído, y estoy seguro que es poderoso para guardar mi depósito para aquel día" (2 Timoteo 1:12).

Capítulo Dieciséis
Orando por los que aún no han nacido

"Pero el ángel le dijo: Zacarías, no temas; porque tu oración ha sido oída, y tu mujer Elisabet te dará a luz un hijo. . . Será grande delante de Dios. . . y será lleno del Espíritu Santo, aun desde el vientre de su madre."

Lucas 1:13,15

El pasaje citado se refiere a Juan el Bautista, hijo de Zacarías y Elisabet, que les nació cuando ellos eran ancianos. Por su condición de precursor del Mesías, fue lleno del Espíritu Santo desde el vientre de su madre.

En respuesta a este pasaje, el doctor Francis MacNutt y su esposa Judith comenzaron un programa de oración premeditada por su primer hijo desde el momento en que ellos supieron que había sido concebido. El matrimonio MacNutt forma parte de un creciente número de parejas cristianas que creen que la condición espiritual de los padres afecta al niño que se está gestando. Estas creencias sostenidas por ellos se ven por otra parte justificadas por los descubrimientos que se han hecho, verificando que las actitudes de los padres tienen un efecto decisivo sobre el desarrollo del hijo en gestación.

El doctor Tomás Verny explica que los estudios clínicos que se realizan muestran que un bebé en el vientre oye, tiene el sentido del gusto, siente y aprende. De lo que él experimenta comienza a formar sus actitudes y expectativas acerca de sí mismo. Por ejemplo, se hicieron pruebas con bebés en gestación, los cuales respondieron con calma al oír la música de Mozart, pero reaccionaron violentamente al oír música de Beethoven y música rock. Un bebé en el vientre, dice él, aprende a reconocer las voces de sus padres, se reconforta por sonidos suaves, y se molesta, se pone temeroso y salta cuando los padres pelean. El matrimonio MacNutt oró dos veces por día, con imposición de manos sobre la madre, hasta que nació su hijo.

El doctor MacNutt escribe en el artículo de una revista: "Hacíamos nuestras oraciones en voz alta, pero en forma simple. No tratábamos de comunicarnos con el bebé excepto a través de nuestras actitudes, pero nos estábamos comunicando con Dios en la presencia del bebé." Algunas veces oraban por ellos mismos, para ser la clase de padres que el niño necesitaba: "Padre nuestro, líbranos del enemigo. Líbranos de toda enfermedad, de todo tipo de accidentes y males de cualquier clase. Prepáranos para ser la clase de padres que debemos ser para esta pequeña criatura."

Otras veces oraban específicamente por el bebé: "Llena a este niño de tu presencia y de tu vida. Permite que este niño sea especialmente amado por ti. Cuida a tu propio niño. Llénalo de salud y felicidad y del gran deseo de nacer, de un gran amor a la vida y de un vivo entusiasmo por las cosas espirituales."

No oraron con una preferencia deliberada acerca del sexo del niño, porque no querían que más adelante su hijo pudiera sentir alguna posible diferencia con la expectativa de sus padres en cuanto a su sexo. Harvey e Ivonne Hester oraron por sus dos hijas antes de la concepción y durante el embarazo. En la actualidad, como consejero cristiano, Harvey dice que está agradecido porque él y su esposa tuvieron la previsión de rodear con oración a sus hijas antes de que nacieran.

De acuerdo con los descubrimientos realizados en la Universidad de Carolina del Norte, los bebés en el vientre recordarán lo que sus madres les leyeron. Los bebés que ellos estudiaron, respondieron más activamente, después del nacimiento, a las historias que habían oído mientras estaban en el vientre materno que a otras historias. He oído de algunas madres cristianas embarazadas que leían la Biblia en voz alta y escuchaban música cristiana por el bien de sus bebés en gestación.

Un padre que oró por sus dos hijos antes de que nacieran dijo: "Estoy convencido de que podríamos cambiar nuestra nación entera si simplemente oráramos por nuestros bebés en gestación y por los recién nacidos. Esto no requiere un adiestramiento especial, sino solamente amor."

Como madres cristianas podemos sentir que hemos fracasado cada vez que nos lamentamos al saber que estábamos embarazadas. Yo lo hice, cuando comenzó el embarazo de mi tercer hijo. Después de todo, teníamos un niño que estaba aprendiendo a caminar y un bebé, y nos habíamos mudado a gran distancia de nuestra familia y de nuestros amigos. Pero cuando parecía que yo estaba por perder a mi bebé, hice todo lo que pude para ayudarle a vivir, aún cumpliendo un prolongado reposo en cama.

Si nos sentimos culpables, podemos pedirle a Dios que nos perdone por no haber aceptado de inmediato aquellas "bendiciones indeseables". El sabe que los padres fallamos, y está esperando con paciencia poder perdonarnos y restaurarnos.

En la actualidad, nuestra "bebé sorpresa" se está preparando para el servicio misionero en el mismo Estado donde nació. Dios tenía un plan para ella aún desde entonces, veintidós años atrás. Y El tiene un plan para cada uno de nuestros hijos.

Capítulo Diecisiete

Orando por nuestros hijos enfermos o a punto de morir

"Todo tiene su tiempo. . . tiempo de nacer, y tiempo de morir."

Eclesiastés 3:1,2

Hay un límite bien definido entre ayudar a un niño a luchar por la vida y finalmente renunciar a él ante la muerte.

Sandy Prather eligió ayudar a su hija Lea de trece años a luchar por la vida. ¿La razón? Dios le mostró claramente que debía hacer eso.

Cuando los dolores de cabeza de Lea demostraron que tenía una espantosa enfermedad conocida como desmielinización encefálica, Sandy rechazó el pronóstico médico de que su hija tenía pocas posibilidades de recuperarse. Aún al escribir esto, Lea no está fuera de peligro, pero está luchando por vivir.

Sandy me dijo:

— Aun cuando estaba inconsciente, sin posibilidad de

comunicarse, dependiendo completamente de los tubos con suero que la mantenían viva, me negué a creer los informes médicos. Los médicos me decían lo que ellos sabían en el terreno natural, pero yo tenía en mi corazón el mensaje de Dios.

— ¿Cuál era ese mensaje? — le pregunté.

— Dios me mostró que aunque Satanás venía para matar, hurtar y destruir, él no tomaría la vida de mi hija. Leí en Proverbios 6:31 que cuando se prende a un ladrón, debe pagar siete veces lo robado. Yo decidí luchar contra el enemigo y ver cómo Dios arrebataría a mi hija de sus garras y le devolvería la salud de su mente y de su cuerpo.

Durante el día Sandy está al lado de la cama de Lea en el hospital. Le lee pasajes alentadores de la Biblia en voz alta, y le dice cuánto la ama. Le cuenta cómo está la familia como si Lea pudiera entender cada palabra. Durante la noche el esposo de Sandy permanece a su lado cuidándola.

— Nunca la dejamos sola. De otro modo, alguna persona inconversa podría decirle palabras desalentadoras — dijo Sandy —. Comencé alimentándola con pequeñas cantidades de comida hasta que por fin, aunque no se podía comunicar, podía alimentarse por la boca. Creo que Dios le va a dar una completa sanidad. Todo el personal médico que la atiende está asombrado por el progreso de Lea. Yo les digo que Dios nos ha asegurado a mi esposo y a mí que ella va a salir de esto como una persona normal de trece años. Nosotros creemos que veremos esto.

Sandy cree que Dios no sólo le prometió sanar a Lea, sino que también hará que esto suceda.

— Creo que todas las pruebas son para nuestro bien, y no para amargarnos; para hacernos aferrar a Dios, y no para alejarnos de El. Después de cada experiencia oscura viene un resultado feliz. Mi familia y yo hemos visto la gracia y misericordia de Dios a través de esto.

Cuando la muerte es inminente

Necesitamos que Dios nos de un discernimiento preciso para saber si El va a sanar a una persona que tiene una enfermedad crónica, o si la muerte es inminente.

El apóstol Pedro escribió: "Sabiendo que en breve debo abandonar el cuerpo, como nuestro Señor Jesucristo me ha declarado" (2 Pedro 1:14).

Muy pocas veces se habla acerca de la muerte a los enfermos que tienen una enfermedad mortal. Si sabemos que la muerte se acerca, ¿es justo hablarle al paciente alegremente diciéndole que volverá a su hogar terrenal cuando en realidad se está yendo al hogar celestial que Dios le preparó?

En estos días, cuando el cáncer, el SIDA y otras enfermedades son problemas mundiales, no podemos pretender piadosamente que toda enfermedad crónica o aguda sea sanada. Sí, por supuesto, oramos por sanidad; pero también tratamos de guiar a nuestros niños al Señor si ellos aún no son salvos. En la economía de Dios, la salvación tiene prioridad sobre la sanidad.

Mi compañera de oración, Fran Ewing, es una enfermera y terapeuta física que ha trabajado con muchos pacientes moribundos. Más aún, hace tres años su hijo Marcos, de veintinueve años, estuvo al borde de la muerte con un avanzado mal de Hodgkin. Fran sabe por experiencia propia lo que es enfrentarse a la pérdida de un hijo.

— Deberíamos enseñar a nuestros hijos, que algún día todos vamos a enfrentar la muerte física, a menos que estemos aquí cuando regrese Jesucristo. Yo decidí que tenía que preparar a Marcos tanto para la muerte como para la sanidad — me dijo ella mientras recordaba su tiempo de agonía al entregar a Marcos para que los propósitos de Dios fueran cumplidos.

De su vasta experiencia en tratar con la muerte, Fran dice que los cristianos deberíamos (1) estar seguros de que el paciente aceptó a Jesucristo como su Salvador y (2) dejar de afirmar que la persona no está muriendo. En vez de esto, deberíamos ayudarle a enfrentar el miedo de morir que es común a todos.

— Debemos ser amorosos, amables y sensibles al Espíritu Santo en lo que decimos — me dijo ella —. Si pensamos que él está por morir, queremos que muera sin temor, con paz y seguridad de que "estar ausentes del cuerpo es estar presentes con el Señor".

Cuando le habla a un niño acerca de la eternidad, ella le previene que él es un espíritu, que tiene un alma, y que vive en un cuerpo. El espíritu que está dentro de él vivirá por toda la eternidad, con el Señor si lo conoce, o en una oscuridad desesperante si no lo conoce.

Fran da una ilustración que fue de ayuda cuando hablaba con su amiga Dennie poco antes de que ella falleciera. Sugiere que la madre de un niño puede adaptarlo en esta forma:

— ¿Recuerdas cuando le enviamos a la abuela un regalo especial el año pasado? Nosotros lo elegimos, lo compramos y luego lo cerramos para enviarlo por correo. Escribí en el paquete nuestra dirección, y la dirección de la abuela. Lo llevamos al correo, pagamos el franqueo, y se lo dimos al empleado del correo. El puso la estampilla y entregó el paquete para ser enviado a la abuela. Tú eres como ese paquete especial. Jesucristo te compró dando su vida por ti. El te selló con el Espíritu Santo. Como el paquete que estaba esperando en el correo, tú estas esperando ser enviado a nuestro Padre que está en los cielos. Nosotros no sabemos cuándo, pero El puede mandar un ángel a buscarte en cualquier momento, para que vayas con El. Nosotros nos separaremos por un tiempo, pero papá y yo llegaremos allí dentro de poco, porque Jesucristo también nos compró y nos está preparando para enviarnos al Padre. Nosotros sabemos a donde vamos, pero no seremos llevados todavía. ¿Recuerdas a tu amigo que murió? Tú lo verás y también verás a otros que conoces. Pero al que mejor vas a conocer es a Jesucristo. Jesucristo dejó los cielos para venir a vivir en esta tierra, y luego morir por nosotros para poder regresar al cielo y preparar una maravillosa casa para que tú y yo podamos ir. Yo me voy a sentar aquí y voy a sostener tu mano hasta que Jesucristo te llame, y entonces te pondré en sus manos.

Fran dice que cometemos un error cuando nuestros hijos piensan que esta tierra es todo lo que hay para ellos. Debemos enseñarles acerca del cielo y que vivir en la tierra es solamente una pequeñísima porción de la vida.

Muchas veces las madres no han llevado a sus pequeños hijos al Señor Jesucristo, pensando que eran demasiado chicos o que los niños tenían mucho tiempo por delante. Nunca es demasiado tarde o demasiado temprano. Deberíamos hablar a nuestros hijos para que acepten a Jesucristo aún cuando sean pequeños. La mamá de Corrie ten Boom le ayudó a aceptar a Jesucristo cuando tenía cinco años, y Corrie siempre recordó el momento exacto.

Podemos ser guiados a preguntar a nuestros hijos que están por morir acerca del perdón: "¿Hay alguien que te ha lastimado o con quien estás enojado? Oremos y pidámosle a Dios que te perdone." Fran dice que con frecuencia este es un primer paso muy importante en la preparación de un chico para morir.

También enfatiza que las madres deberían leer en voz alta versículos que les aseguren a sus hijos que no hay dolor o tristeza a donde ellos van y que en el cielo tendrán una vida mucho mejor que la que tuvieron en la tierra.

Pablo nos da ánimo en Romanos 14:8: "Pues si vivimos, para el Señor vivimos; y si morimos, para el Señor morimos. Así pues, sea que vivamos, o que muramos, del Señor somos."

Este versículo tiene un significado especial para mí porque fue el versículo preferido de mi mamá cuando le ayudé a través de trece meses de agonía antes de morir. Yo la cuidaba durante el día y por la noche dormía en una camita a su lado. Además de hablar mucho acerca de nuestro Salvador, nuestros temas favoritos para discutir eran sanidad, salud y cielo. Nunca olvidaré aquellos días que pasamos buscando en las Escrituras lo que Dios dice acerca de estos temas. Tampoco puedo olvidar los recuerdos de sus últimos días cuando yo le leía la Biblia en voz alta cada mañana. Aunque ella no podía responder, en mi espíritu yo sabía que estaba siendo confortada. Una vez salió de su estado de coma para gritar tres veces: "¡Aleluya! ¡Aleluya! ¡Aleluya!" Estas fueron sus últimas palabras, aunque después de esto vivió tres semanas más. Cuando murió, yo estaba en su habitación orando el Padrenuestro. Fue una experiencia que recordaré siempre.

Aquí hay algunos versículos que ayudarán para compartir con algún ser querido que se esté enfrentando con el final de su vida en la tierra:

"Aunque ande en valle de sombra de muerte, no temeré mal alguno, porque tú estarás conmigo" (Salmo 23:4).

"No temas, porque yo estoy contigo; no desmayes, porque yo soy tu Dios que te esfuerzo; siempre te ayudaré, siempre te sustentaré con la diestra de mi justicia" (Isaías 41:10).

"Y he aquí yo estoy con vosotros todos los días, hasta el fin del mundo" (Mateo 28:20).

"Si tomare las alas del alba y habitare en el extremo del mar, aun allí me guiará tu mano, y me asirá tu diestra" (Salmo 139:9,10).

"No se turbe vuestro corazón; creéis en Dios, creed

también en mí. En la casa de mi Padre muchas moradas hay; si así no fuera, yo os lo hubiera dicho; voy, pues, a preparar lugar para vosotros. Y si me fuere y os prepararé lugar, vendré otra vez, y os tomaré a mí mismo, para que donde yo estoy, vosotros también estéis" (Juan 14:1-3).

"Y esta es la promesa que él nos hizo, la vida eterna" (1 Juan 2:25).

"Mirad que no menospreciéis a uno de estos pequeños; porque os digo que sus ángeles en los cielos ven siempre el rostro de mi Padre que está en los cielos" (Mateo 18:10).

"Y el Señor, después que les habló, fue recibido arriba en el cielo, y se sentó a la diestra de Dios" (Marcos 16:19).

Capítulo Dieciocho
Orando por nuestros nietos

Pablo le escribió a Timoteo: "Trayendo a la memoria la fe no fingida que hay en ti, la cual habitó primero en tu abuela Loida, y en tu madre Eunice, y estoy seguro que en ti también."

2 Timoteo 1:5

En nuestra sociedad tan cambiante, donde la estructura del matrimonio esta siendo sacudida, los abuelos tienen una creciente responsabilidad sobre sus nietos. Muchos abuelos participan en la etapa de crecimiento de sus nietos mientras sus padres están trabajando, o bien tienen una responsabilidad total sobre ellos. A causa de estas posibilidades, los abuelos ejercen muchas veces una influencia directa en la vida de estos nietos: influencia positiva o negativa. ¿Qué clase de influencia será esta?

Mi mamá no sólo fue mi principal guerrera de oración, sino que también fue una gran intercesora a favor de sus nietos.

Diez años antes de morir, experimentó una renovación espiritual, una poderosa llenura del Espíritu Santo acompañada de una fluida lengua de oración.

Había sido una buena madre. Crió y educó sin ayuda a sus cuatro hijos. Yo tenía doce años, y era la mayor, cuando ella quedó abandonada. Mamá ganaba nuestro sustento atendiendo una pensión cerca del palacio legislativo. Unos cuarenta pensionistas compartían la casa; otros trescientos o más comían cada día en su gran comedor. Estudiantes universitarios, obreros de construcción y legisladores estatales venían para comer comidas caseras; todos podían comer por menos de un dólar.

Aunque mamá siempre había asistido a la iglesia los domingos, desarrolló un gran amor por Jesucristo y tuvo una permanente carga de oración después de recibir el bautismo del Espíritu Santo, a la edad de sesenta y dos años. Por aquel entonces tenía diez nietos, que eran de edades desde bebés de meses hasta adolescentes.

Cuando le preguntaban a mamá: "¿Cuál es su mayor gozo?" ella levantaba sus dos manos al cielo y decía: "Alabar al Señor e interceder por mis diez nietos que están representados por estos diez dedos." Cuando mis hijos se sentían solitarios o en necesidad de oración, la llamaban desde la universidad con pedidos como estos: "Mamá Jewett, tengo un examen difícil el viernes, y estoy trabado por esto. Necesito que ores." Seguro que mamá bombardearía el cielo en favor de sus nietos.

Mamá parecía tener una perspicacia espiritual por nuestros chicos, que ni mi esposo ni yo tuvimos. Cuando lo creía necesario, tenía la libertad de decirnos que debíamos "doblar nuestras rodillas" en oración.

Una vez después de hablar con uno de nuestros hijos, que había admitido tener dificultades para conciliar su cuenta con el balance del banco, Mamá le dijo a mi esposo:

— Deberías ir a la Universidad del Estado de la Florida y ver a tus dos muchachos, aunque sólo sea para animarlos con tu presencia. Necesitas elogiarlos y alabar a

Dios por sus buenas cualidades, y dejar de mirar sus fracasos.

LeRoy no podía dejar el trabajo para ir. Por lo tanto, a las cinco de la mañana del día siguiente me encaminé con su bendición y algo de dinero de su abuela rumbo a la universidad, para que pudiera cubrir su cuenta en el banco. Poco antes de que Keith se graduara, ella murió. Luego del Acto de Graduación, él tomó su diploma, miró hacia el cielo y dijo:

¡Extraño tanto a Mamá Jewett! Desearía que pudiera estar aquí hoy. Ella me ayudó a ganar mi título con sus oraciones.

— Ella sabía que tú ibas a triunfar. ¡Ella creía en ti!— le dije para confortarlo mientras enjugaba las lágrimas de mis ojos.

No tengo idea del número de horas que Mamá oró por mis hijos. Sólo Dios lo sabe. Ella fue para ellos tanto abuela como abuelo.

Mientras yo cuidaba a mamá cuando estaba por morir de cáncer, leía las Escrituras en voz alta durante largas noches en su casa. Una vez, mientras yo estaba leyendo Proverbios 13:22: "El bueno dejará herederos a los hijos de sus hijos", ella me dijo:

— Yo les quiero dejar una herencia espiritual.

— ¡Ya lo has hecho! — le aseguré.

Cuando leí: "Corona de los viejos son los nietos" en Proverbios 17:6, ella atinó a decir:

— Mis nietos son realmente mi corona ahora mismo.

Durante las últimas dos semanas de su vida, dos de mis hijos hicieron viajes frecuentes desde la universidad para ver a mamá. Ellos se sentaban al lado de su cama mientras sobrellevaba las últimas etapas de su enfermedad. Este era su turno para orar por ella.

— ¿Por qué está sufriendo tanto? — dijo Keith con mucha pena mientras golpeaba su puño en su palma abierta y lloraba la tarde de Pascuas dos días antes de su muerte.

— Querido, yo no sé. Pero la Biblia dice: "Si sufrimos, también reinaremos con él" (2 Timoteo 2:12). Dios aún tiene un propósito para ella en la tierra. La conozco muy bien y puedo decirte que todavía sigue orando por otros.

Con frecuencia comparaba a mi madre con Loida, la abuela de Timoteo. El apóstol Pablo nos dice que desde la niñez Timoteo "ha sabido las Sagradas Escrituras" las cuales lo hicieron sabio para "la salvación por la fe que es en Cristo Jesús" (2 Timoteo 3:15). Obviamente él aprendió esto de su abuela Loida y de su madre Eunice, ya que Pablo menciona su fe (2 Timoteo 1:3).

Todos hemos sido conmovidos al leer la hermosa historia de Rut, quien regresó con su suegra Noemí a Belén. Nos identificamos con Rut, ¿pero qué acerca de la fidelidad de Noemí? Cuando Rut se casó, Noemí encontró un nuevo sentido para vivir porque ganó un precioso nieto.

Las amigas de Noemí le dijeron: "Loado sea Jehová, que hizo que no te faltase hoy pariente, cuyo nombre será celebrado en Israel; el cual será restaurador de tu alma, y sustentará tu vejez" (Rut 4:14,15).

Noemí tomó al niño en su regazo y cuidó de él. ¿No sabe que ella oró asiduamente por este niño especial? ¡Y cuán especial fue, ya que era Obed, el padre de Isaí y abuelo del rey David!

Una abuela que conozco ora todos los días con versículos de la Biblia en voz alta en favor de sus nietos. Me dijo que le gusta parafrasear los Salmos, como este: "Guarda a mi nieto Tomás, en todos sus caminos. Sé su fortaleza en tiempo de angustia. Ayúdalo y líbralo de los impíos. Sálvalo porque él se refugia en ti" (Salmo 37:39,40).

En el año 1820 una pequeña niña, Frances Jane, quedó ciega a causa de un mal medicamento para los ojos. Cuando creció, en lugar de tener amargura, fue dócil al adiestramiento de su fiel abuela, quien la ayudó a memorizar gran parte de la Biblia. Desde su juventud hasta que murió, a la edad de ochenta y seis años, esta nieta tuvo la inspiración para componer alrededor de trescientos himnos y canciones evangélicas. Conocemos a esa compositora ciega como Fanny Crosby, y a menudo cantamos las canciones que nos dejó como herencia: "Dejo el mundo y sigo a Cristo", "Ama a tus prójimos", "Mi mano ten", "Con voz benigna" y otros cientos. Nunca debemos subestimar la valiosa influencia de una abuela piadosa.

Me encanta visitar a Lib, mi ex compañera de oración, y ver cuando ella se sienta en su hamaca bajo la sombra de un olmo y canta de Jesucristo a uno de sus tres nietos, Josué, Raquel, o Kira. Ellos aprendieron de ella a levantar sus brazos al cielo y decir: "¡Te alabo, Señor!" También aprendieron de su abuela las oraciones que repiten por la noche.

— Esta es la mejor etapa de mi vida, mi mayor privilegio: ayudar a estos tres nietos — me dijo la semana pasada cuando manejé setecientos kilómetros para verla a ella y al más pequeño.

Mientras su esposo Gene arropó a su nieto de dos años para que durmiera, oró por él como lo hace siempre que lo cuidan. Viendo esto, yo recordaba a Jacob llamando a los dos hijos de José para bendecirlos antes de morir. En los tiempos de la Biblia, los abuelos tuvieron mucha influencia en la vida de sus nietos. Estoy segura de que los justos oraban constantemente por sus nietos.

Si tenemos nietos, tenemos el privilegio especial de alimentarlos con el amor del Señor. Cuando oramos por ellos, Dios hace que ejerzamos una influencia positiva en sus vidas.

Capítulo Diecinueve
Orando sin sentido de culpa

"Si permanecéis en mí, y mis palabras permanecen en vosotros, pedid todo lo que queréis, y os será hecho."

Juan 15:7

Con frecuencia sentimos que lo que hacemos por nuestros hijos es demasiado poco y demasiado tarde. Luego somos perseguidos por el sentido de culpa con el pensamiento de "si tan sólo". Si tan sólo hubiéramos orado antes, enseñado antes, amado mejor, comunicado mejor. Si tan sólo. . .

¿Podemos confiar en que Dios hace todo de la mejor forma y en el mejor tiempo? ¿Podemos pedir el perdón de Dios (y a veces el de nuestros propios hijos) por nuestros fracasos como padres, y luego confiar en El? Si queremos "no estar ansiosos por nada", tenemos que confiar.

He tenido que pedir perdón a mis hijos muchas veces, y creo que lo tendré que volver a pedir de nuevo. En realidad, cuando sembramos el perdón cosechamos perdón. Lo más importante de todo es que, cuando tenemos una actitud de perdón, mantenemos abiertas las líneas de nuestra comunicación con Dios.

Cada hijo suyo, cada cristiano que ha nacido de nuevo, tiene promesas del Padre celestial en las cuales basar su vida. Cuando leemos la Biblia, encontramos muchas promesas que se aplican a nuestra propia dificultad familiar. Sólo Dios sabe cuándo nuestra situación particular está enteramente madura para su respuesta. Mientras esperamos con fe y paciencia para heredar esas promesas, podemos reafirmarnos con estos versículos que edifican nuestra fe:

"Es, pues, la fe la certeza de lo que se espera, la convicción de lo que no se ve" (Hebreos 11:1).

"Guarda silencio ante Jehová, y espera en él" (Salmo 37:7).

"Mantengamos firme, sin fluctuar, la profesión de nuestra esperanza, porque fiel es el que prometió" (Hebreos 10:23).

"He aquí que yo soy Jehová, Dios de toda carne; ¿habrá algo que sea difícil para mí?" (Jeremías 32:27).

¡Sí, qué privilegio el nuestro de poder llegar al mismo trono de Dios en oración, intercediendo por nuestros hijos y nietos!

Cuando hacemos esto con regularidad, podemos orar sin sentido de culpa.

Capítulo Veinte
Dejando una herencia de oración

"Ella con amargura de alma oró a Jehová, y lloró abundantemente. E hizo voto, diciendo: Jehová de los ejércitos, si te dignares mirar a la aflicción de tu sierva, y te acordares de mí, y no te olvidares de tu sierva, sino que dieres a tu sierva un hijo varón, yo lo dedicaré a Jehová todos los días de su vida."

1 Samuel 1:10,11

Si queremos que nuestros hijos oren, ellos deben oírnos orar a nosotros. La mejor demostración que nuestros hijos pueden tener del poder de Dios es saber que nosotros, sus padres, obtenemos respuestas a nuestras peticiones. Esto sucede cuando ellos nos oyen orar y ven los resultados.

Estudiemos por un momento la primera oración de Ana, aquella que expresó en silencio en el templo ante la mirada de Elí. Sus labios se movían pero no se oía su voz. Lo que ella le dijo a Dios quedó registrado, gracias a que ella le dijo más tarde a Samuel lo que había pedido.

Esta es la primera oración de una mujer, que se registra en el Antiguo Testamento. Su pedido fue específico: "Dame un hijo." Ella le pidió a Dios que cambiara sus circunstancias, ya que era estéril. Tres veces se humilló a sí misma, llamándose una "sierva". En una petición carente de egoísmo, hizo la promesa de entregar su hijo a Dios.

Ana fue sincera delante de Dios. Lo que hizo significó un trato con Dios. Aún se arriesgó a ser malinterpretada por el sacerdote, quien pensó que estaba borracha.

Pero por medio de Elí Dios le dijo que su pedido sería concedido. En el curso del tiempo, Ana concibió y dio a luz un hijo a quien llamó Samuel, y dijo: "Por cuanto lo pedí a Jehová" (1 Samuel 1:20).

En el tiempo en que hizo su segunda oración, Ana ya había adquirido madurez en su vida de oración. Comienza con sus sentimientos, pero termina alabando a Dios por su poder y su justicia. Finalmente profetiza que Dios dará fuerza a su rey, y esto, en una tierra que no había tenido rey anteriormente. En realidad, su primer hijo, Samuel, ungiría al primer rey de Israel.

A veces nos olvidamos que después del nacimiento de Samuel, Ana tuvo otros tres hijos y dos hijas. ¡Cómo oyó el Señor sus oraciones!

El nombre Samuel proviene de dos palabras, *eli,* que es la palabra hebrea que significa Dios, y *samu* que significa "yo lo pedí". Él sabía desde su temprana edad que las oraciones de su madre habían sido contestadas. Cada vez que ella lo llamaba por nombre, estaba diciendo: "Yo lo pedí a Dios."

¡Qué herencia le dejó a él!

¡Y qué herencia le podemos dejar a nuestros hijos, sí, una herencia de oración! Si alguna vez hemos meditado en la oración de María antes de que naciera Jesús, no podemos evitar de encontrar un parecido con el magnífico cántico de Ana. ¡Cuán hermoso es que tengamos registradas las oraciones de estas mujeres como modelos para poder orar en voz alta! Ellas también nos animan a escribir nuestras oraciones para dejar a nuestros hijos y a los hijos de ellos.

La escritora Catherine Marshall escribió su diario la mayor parte de su vida, y con frecuencia registraba sus oraciones. En sus libros "Aventuras en la oración", "Algo más", y "Más allá de nosotros mismos", nos da maravillosos ejemplos de oraciones contestadas en favor de sus hijos, desde el regreso de ellos al Señor después de períodos de rebeldía hasta encontrar a sus cónyuges idóneos.

Carlos Spurgeon escribió una vez: "Mi propia conversión es el resultado de la oración. Mis padres oraron por mí, con anhelo, con afecto, con fervor y con insistencia. Dios oyó sus clamores, y aquí estoy para predicar el evangelio." ¿Cómo lo sabía él? Los oyó orar.

La Biblia exhorta con claridad a los padres cristianos para que instruyan a sus hijos en los caminos de Dios. Nos dice que debemos enseñar los mandamientos a nuestros hijos, hablar de ellos cuando nos sentamos en casa y cuando vamos por el camino, cuando nos acostamos y cuando nos levantamos (Deuteronomio 6:7). Creo que esto incluye orar en voz alta por ellos, permitiendo que nos escuchen cuando nos acostamos por la noche y cuando nos levantamos por la mañana.

Luego, también, está la importancia de las oraciones escritas. Yo hice de esto una práctica, escribiendo las oraciones por mis hijos para incluirlas cuando les envío una carta. A veces escribo a máquina una oración o un versículo de la Biblia en una tarjeta para que ellos la puedan pegar en sus espejos y acordarse diariamente de orar conmigo.

Me entusiasmo cada vez que leo el versículo que dice que Dios guarda "el pacto y la misericordia a los que le aman y guardan sus mandamientos, hasta mil generaciones" (Deuteronomio 7:9). ¡Qué herencia es ésta! Tratemos de dejar a nuestros hijos la mayor herencia posible: nuestra vida personal de oración que ellos puedan tomar como modelo.

El año pasado noté que mis dos hijas estaban casi distanciadas de mí en su vida de oración. Oro para que ellas continúen creciendo y compartiendo conmigo nuevas formas en que el Espíritu Santo les enseñe a orar para que, cuando ellas tengan hijos, juntas podamos enseñarles a orar.

Esta es mi oración para todas nosotras y para nuestros hijos.

Nos agradaría recibir noticias suyas.
Por favor, envíe sus comentarios sobre este libro
a la dirección que aparece a continuación.
Muchas gracias.

Editorial Vida
7500 NW 25 Street, Suite 239
Miami, Florida 33122

Vidapub.sales@zondervan.com
http://www.editorialvida.com